希望你们能够共建一个爱孩子、

不伤害孩子的和谐家庭。

希望过去的伤害停止在原生家庭里，

不再衍生、不再伤害下一代。

别再说这是原生家庭的错

[马来西亚]
冯以量——

著

北京日报出版社

图书在版编目（CIP）数据

别再说这是原生家庭的错 / (马来) 冯以量著. ——
北京：北京日报出版社, 2022.1
ISBN 978-7-5477-4036-1

Ⅰ.①别… Ⅱ.①冯… Ⅲ.①家庭关系 - 社会心理学
- 研究 Ⅳ.①C913.11

中国版本图书馆CIP数据核字(2021)第155012号

著作权合同登记 图字：01-2021-7203号

© 2021 冯以量
经由宝瓶文化事业股份有限公司授权出版发行中文简体字版

别再说这是原生家庭的错

责任编辑： 史 琴
助理编辑： 秦 姚
监 制： 黄 利 万 夏
特约编辑： 张久越 胡 杨
营销支持： 曹莉丽
版权支持： 王福娇
装帧设计： 紫图装帧
出版发行： 北京日报出版社
地 址： 北京市东城区东单三条8-16号东方广场东配楼四层
邮 编： 100005
电 话： 发行部：(010) 65255876
　　　　　总编室：(010) 65252135
印 刷： 艺堂印刷（天津）有限公司
经 销： 各地新华书店
版 次： 2022年1月第1版
　　　　　2022年1月第1次印刷
开 本： 880毫米×1230毫米 1/32
印 张： 5.5
字 数： 99千字
定 价： 49.90元

爱自己，为何要允许？

　　我没见过冯以量，只知道他是创作者、助人工作者，是萨提亚模式① 推手，我非常欣赏他，也非常尊敬他。

　　听说他要出书了，我毛遂自荐，愿为他的新书做宣传。

　　我认识冯以量，不是通过直接交往，而是从他人口中逐渐了解他……

---

① 萨提亚模式又称萨提亚沟通模式，是由美国首位家庭治疗专家维琴尼亚·萨提亚（Virginia Satir）女士所创建的理论体系。萨提亚模式，又叫联合家庭治疗。家庭治疗是一种心理治疗的新方法，是从家庭、社会等系统方面着手，更全面地处理个人身上所背负的问题。

自 2014 年伊始，我屡次赴马来西亚，在讲座中谈教育，分享萨提亚模式。经常听见人们问我："你认识冯以量老师吗？他也教萨提亚模式。"

那时我才知道，以量曾来台湾实习，参与多个心理咨询中心。曾师从吴就君老师，深入学习萨提亚模式，一心想回马来西亚分享。

我陆续听见朋友们赞誉他，称赞他精彩的演讲，巧妙地掌控现场，灵活地运用家庭雕塑① 现场，深入带领参与者走进工作坊……我也是个演讲者，也讲萨提亚模式，因此我对以量的工作颇感兴趣。

将雕塑灵活呈现，运用在演讲现场，不是一件容易之事。身为萨提亚工作者，深知大型演讲的局限性，将雕塑带上讲台不易，观众可能会走神、不感兴趣，以量却尽力克服困难，他一定带着巨大的爱，展现出无尽的能量。

据我多方听闻，以量做得非常好。他的呈现方式，让人透彻理解：家庭动力卡在哪里？为什么孩子会这样做？为什么我会这样做？为什么不要执着于某事？让参与者立即觉察，了解家庭

① 家庭雕塑是萨提亚模式常用的一种重要的家庭治疗技术，类似于雕塑艺术，即利用空间、姿态、距离和造型等非言语方式生动形象地重新再现家庭成员之间的互动关系和权利斗争情况。

动力的由来。他带着温暖与爱，传播爱与善的信息。

常有当地的一些父母告诉我，他们对以量无比感激，他们的家庭因为以量而改变。

以量不仅通过心理学助人，还推动临终关怀。他重视鲜少人关注的养老送终的议题。多数人讲究"善终"，但回避谈论如何"善终"，唯有以量拥有强大的愿力，愿意推动此等难题。

综上我对以量的认识，我想为他的书宣传。这样有价值的工作者，应该扩大他的影响力。

当你翻开《别再说这是原生家庭的错》，你就会爱上这本书。

也许有人会好奇这篇推荐序的标题：爱自己，为何要允许？

非从事助人工作者，不一定能明白，有的人不允许自己爱别人，还有的人不知自己可以选择爱。

我遇到很多苦难中人，他们无意识地选择"恨"，作为生命的主旋律。在日常生活中，他们也会无意识地选择"愤怒"，陷入负面循环中，无法自拔。

以量说得好："恨的背后，是为了爱；生气背后，是因为在乎。"

书中面临抉择的爸爸说："小时候，我跪在爸爸面前，求他不要走；没想到，如今却是我儿子跪在我面前，求我不要走……"

原生家庭里缺爱的人，他们寻求爱的方式，会被自己的愤怒情绪所影响。他们对自己生气，生气自己不值得，以致悲剧重演。

这位爸爸身为咨询志愿者，向很多人给予关爱，却不知如何给家人、给自己关爱，这是人世间最大的悲哀。

本书有很多生活中常见的案例：儿子不跟妈妈说话，源自妈妈将对丈夫的愤怒转移到儿子身上。这位妈妈既爱孩子，又伴随着潜在的愤怒。在儿子看来，好妈妈是什么样子的？原来爱与恨这么接近，难以让人辨识其中的差别。妈妈无意识地选择恨，选择用愤怒面对所爱的人。带着这样的恨与愤怒，祈求找到充满爱的家庭，怎么会不满身伤痕？岂不是无可奈何？

书中最经典的案例，是那个化名小燕的妈妈。小燕从原生家庭那里，仅获得微不足道的父爱，她带着对父亲的恨意，将原生家庭的应对模式带到自己的家庭，她也表现出对丈夫和儿子的恨意。其实，小燕渴求的是爱。这是人世间的难题。

我的萨提亚导师贝曼，经常会这样解说萨提亚模式：萨提亚模式工作者，是在系统中工作的。家庭往往就是一个系统，家庭成员在系统中形成惯性的应对模式。

冰山也是一个系统。一个人的内在系统，从童年开始形成，成为惯性的感受、观点和期待。如果渴望总是无法被满足，人们就会渐渐丧失自我，形成惯性的应对模式。

现代脑神经科学发达，人们已知脑神经反射是从孩提时期养成的。如果人们想要改变惯性的应对模式，就要重现童年的体验，让脑神经重新运转，从而学习新的应对模式。

以量在这本书里，通过重现雕塑现场，既让读者感同身受，又让读者受益匪浅；对于心理工作者来说，他们也能从以量无私的分享中探究萨提亚模式的奥秘；尤其是萨提亚模式工作者，他们能见识到以量灵活的雕塑现场技巧，包括我也从本书中获益良多。

以量在本书的后记中写道："曾经我多么想要快点儿离开这里，现在它竟然屹立在这儿，等我回来疗伤。原来我的家，也有充满温情的一面。为何当初我只看到恨与伤害？"

以量的坦诚与无私，给予我们震撼人心的力量。

从翻开书页至读罢掩卷，我的内心充满爱的能量。我不禁要感谢以量，也要感谢书中的各位主角，他们让我懂得爱的脉络，学会更加宽容地看待生命。

文◎李崇建

爱不需要理由

作为一名家庭治疗师，我常有机会目睹家庭生活中的爱恨情仇。有的人被一句话、一件事折磨多年，即使他们翻山越岭、走遍天涯也无法解脱；他们仿佛独自活在人间炼狱，阳光永远照不到他们，人生中充满风雨。

"恨"，总是能够找到充分的理由。

我们大部分人都容易陷入怨恨，在怨恨的深渊里走不出来，并且理所当然地认为自己有充分的理由气愤、委屈、悲痛和哀伤。任凭这些负面情绪蒙蔽我们的双眼，使我们看不见阳光，忽视身边关心我们的人，也找不到值得我们关心的人。

怨恨的力量很大，它可以把一个家庭拆散得四分五裂，彼此老死不相往来；然而，爱的力量更大，它可以跨越因怨恨形成的鸿沟，让原本不相往来的冤家重归于好。

恨有千百个理由，但爱不需要理由。化解心结，有时只需一杯茶的时间或双方的一场深谈。喝完茶，你想不起来当初为何积怨那么深，怨恨那么久。我是家庭治疗师，我见识过、经历过。我愿意为咨询者疏导心理，调解家庭矛盾。

这世上的不公不义、冤枉委屈不可胜数。然而，找到回家的路、找回爱却很简单。只是我们往往当局者迷，偏偏看不见疗愈方法就在自己面前，触手可得，不过幸好旁观者清。

通过本书的故事，看到他人痴痴地陷入自怨自艾，苦寻出路，我们更容易领悟：我们不应该永远停留在阴暗处，阳光就在一步之遥的地方，只等我们跨出第一步。

本书作者以深入浅出的文字，真实地呈现人们在原生家庭里受到的伤害，以及心中对爱的渴望，其中蕴含丰富、动人的情感，使人情不自禁地想读下去。作者并不以专家自居，而是小心翼翼地抚慰每一颗受伤的心灵，温柔地引导他们找回阳光。我能感受到作者那一颗温柔的心。

面对不尽如人意的世界，如果我们还有心力，与其用来恨别人，不如拿来爱别人。爱需要勇气，巨大的勇气，你会放下自己的伤痛，摆脱面子的束缚，冒着被拒绝的风险，跨出和解的一步。最坏的情况，对方可能会措手不及，无法立刻笑脸迎人，让你的玻璃心碎一地；也有最好的情况，双方都能够走出阴霾，重新找回笑容。

当我们身陷其中，需要一点儿推力，让我们能够走出流沙。这个推力可能是治愈心灵的一段话，也可能是别人的一句问候，又或者只是一个关爱的眼神，来自我们在乎的人。于是，双方多年的冰雪突然融化，误解悄然冰释，内心再度充满阳光，世界重现温暖。

如果我们受伤太深，缺乏足够的勇气跨出第一步，我们可以寻求他人的帮助。如果有一位善良的助人者愿意拉我们一把，我们也许就有机会前往幸福彼岸。

在家庭治疗师看来，修复家人之间的关系，最重要的不是运用高超的治疗技术，而是家人想要和解的决心与勇气。家人原本就彼此相爱，恨只是相爱太深的纠结产物，如果拨开表层冰霜，就会发现爱一直都在。

家庭治疗师只能帮助人们把爱找回来。

文◎赵文滔

允许自己选择爱

　　我的内心有一个无底的黑洞，即使有源源不断的关爱涌进来，仿佛也会瞬间被吞没。在这黑洞里，仿佛有很多过去受伤的我，不断地渴望别人付出的爱，却总觉得别人给的爱还不够。对于爱，过去的我常处于极度饥饿而且营养不良的状态。

　　我10岁那年，嗜赌如命的爸爸欠了巨债，他一声不响地离家出走。我13岁时，他患上癌症，回家不到3个月就去世了。我18岁时，过度劳累的妈妈也因患上癌症而去世。每当想起这些经历，我都会感到痛苦不堪。

　　我不断寻觅他人的爱来填满内心的黑洞，无非就是要证明这世上还有人来爱我。

　　为了爱，我曾经攻击他人，也曾经向他人乞怜。为了逃避现实的空虚，我常酗酒，几度独自在车内号啕大哭，情绪经常失控。我不明白人为何要活在世上经历痛苦，我甚至在别人还未抛弃我之前，先主动抛弃别人，以此避免伤害。

　　结果，人生阶段里所有受伤的自己，都不约而同地躲回那无底的黑洞，等待下一次爱的到来，然后重复着"我被抛弃"或者"我抛弃你"的戏码。

　　试问，一个内心充满着黑暗的人，如何让别人来爱你？而你又如何去爱别人？

　　因为无法纾解生命中的痛苦，我接受了心理咨询。最初我是一名寻求解答的个体，最后我成为一名助人者。这20多年来，我在咨询室里看见很多与自己有相似经历的人们，听见他们对痛苦的呐喊，看见他们对爱的渴望。

　　渐渐地，我明白了：即使我们无法驱散黑暗，也可以把光亮引进来；我们无法乞求他人的爱，但可以把爱奉献给自己。

　　这也是为何我写了这本书《别再说这是原生家庭的错》。

　　书中主人公们的基本资料已稍做更改，我只保留与他们真实的互动及交谈。这些互动的故事感动了我、丰富了我。因此，我想通过文字来感动你、丰富你。

你不仅要品味书里的故事，而且请允许我诚恳地邀请你通过本书，去阅读你自己的人生。

你需要爱，你的家庭也需要你的爱。不是明天，就是现在。你清楚地知道这一点，其实你比谁都清楚，你的内心以及你的家庭，到底多么渴望爱。

因此，这本书才会展现在你眼前。

这是一本通俗易懂的书，主要讲述一个简单的概念：见树要见林。大部分人只看见眼前的痛苦，却看不见痛苦背后的整体原貌。如果你想要剖析自己，请允许我邀请你再一次去探索你的原生家庭，进而改变你的新生家庭。

探索并非等同于发现；发现其实只是个借口，让你有更多的选择，以旧有的模式继续生存。对我而言，探索是一场再创造的旅途，让你再次转化当初你在原生家庭里还未曾学会的功课。

我和书中的主人公们一样，花了很多时间和心力去探索过去的成长经历。如果你想在生命里创造新的可能性，你就不要把自己当作一名受害者。很多人一边埋怨别人伤害自己，一边自怜自艾。受害者被过去的经历紧紧束缚，而动弹不得。

然而，这种受害状态倒是有不少好处：别人会向你投以怜

悯的眼光、善良的帮助及伸出温暖的援手，导致受害的你继续
"享受"别人的同情。你要是这样做，就和当初的我没有区别，
你依靠他人的怜悯和善良，躲在无底的黑洞里，吸取他人给予
的关爱。最后，你与他人的关系依然会破裂，而你的内心也会
破碎。

你或许会好奇地问我："请问你内心的黑洞还在吗？"

是的，我的内心仍然有一个无底的黑洞，它一直都存在，
就如生命的苦难一直存在着。然而，如今的我已不再受这个
黑洞影响。

我花了20多年的时间，聆听那些从黑洞里传来的受伤的
声音，我决定用我一生的力量，陪伴过去那一个又一个受伤的自
己，我愿意陪着"他们"慢慢长大。

我告诉自己："即使没有人来爱我，我也值得被自己爱。以
量，请放心，我会爱着你。"

我也告诉自己："我愿意接受自己的喜怒哀乐。虽然这些情
绪可能会与他人（特别是我的父母）有关，可是我的喜怒哀乐，
由我负责。我不要做一个受害者，不需要他人为我的人生负责。
我的生命，由我自己负责。"

我还经常告诉自己："我值得拥有更加美好的人生，因为我

相信我值得，而且我也相信我们大家都值得拥有美好的人生。"

我就是这样一步一个脚印地走到今天。允许自己选择爱，不容易；然而，要认真地行动起来，也不难。

你看见了吗？那些悲惨的过去无法定义你生命的全部，也不能阻止你好好地活下去。如果你愿意，请你和我一样，相信自己值得拥有美好的人生。当你感受到美好，你也同样会祝福他人，祝福他们值得拥有美好的人生。

愿你身处黑暗的时候，仍然感受爱的光亮；
正当愤怒的时候，倾听爱的呼唤；
渴望关怀的时候，感受爱的渗透；
内心温暖的时候，洋溢爱的力量。

请你翻阅此书，用心去感受。我会在这本书里反复告诉你："别再说这是原生家庭的错。"

希望你能收到，我衷心献给你的祝福。祝福你，也祝福我自己。

目 录

珍爱生命，与爱同行

有个老人在海滩散步，他看见前面有个年轻人，拾起一些搁浅的小鱼抛回海里。

老人问年轻人："你为什么要这样做？"

年轻人说："如果小鱼留在岸上，太阳一出来它们就会死了。"

老人听了，不以为然地反驳道："可是海滩一望无际，搁浅的小鱼数不胜数，你的努力有什么用呢？"

年轻人瞧了瞧手里的小鱼，然后把它抛回海里，快乐地说："也许对大海没有影响，可是对这一条小鱼有深远的影响。"

但愿我能像故事中的那个年轻人，不断地拾起搁浅的小鱼，抛回海里去，让一条又一条的小鱼重回大海的怀抱。

故事开始了……

01

还父母一个
爱的位置

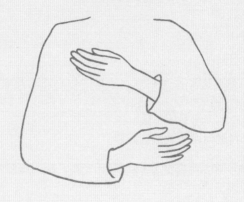

"你恨你妈妈。
那么，谁来恨你？"

还父母一个爱的位置

两年前，我曾看到一位女士与一位心理治疗老师的咨询对话。

女士对老师说："我恨我妈妈。"

老师充满深意地望着她，然后问她："你恨你妈妈。那么，谁来恨你？"

她忍不住哭着说："我的儿子。"

老师说："那当然喽，你恨你妈妈，所以你的儿子也恨他妈妈。"

对话气氛突然变得凝重，老师一针见血的话让双方沉默了几秒钟。

老师随后则说："我现在要对你讲一些很严肃的话，你愿意听吗？"

女士点点头，表示愿意。

老师说："我爱你妈妈。"

女士连忙摇头以示抗议。

老师说："<mark>我看到你健康地坐在这里，我觉得你妈妈一定付出很多。所以，我有足够的理由认为，你的妈妈是值得被爱、被尊重的。</mark>"

女士安静地听着。

老师再问："如果我见到你的儿子，你知道我会对他说什么吗？"

女士点点头，微笑说："我知道。你会对他说你爱我。"

老师点点头，说："是的。不只是你妈妈，每一个妈妈，我都爱。"

老师慈祥地对着女士微笑，主动用双手握着她的手。

不到两分钟，这段咨询对话就结束了。女士心满意足地离开座位。

这是我有生以来看到的最精彩的一场咨询。整个咨询过程简单、清楚；最重要的是，深入浅出。

老师似乎也在叮咛我们：<mark>爱，才是唯一出路。</mark>

愤怒，是因为渴望被爱

老师和女士的这番对话，不禁让我想起我的案例。

她恨她妈妈。

她活在一个重男轻女的家庭里，上有 5 个姐姐，下有 1 个弟弟。

家里上上下下都把注意力集中在最小的弟弟身上。弟弟自出生以来，就是家里最闪耀的星星。

妈妈把最好、最完美的东西都留给弟弟；而她的衣服却是姐姐穿过的，玩具也是姐姐玩过的，甚至连书包都是姐姐背过的。

小小的她，一直怀疑自己到底是不是妈妈亲生的，为什么她与弟弟的待遇竟然有天壤之别？

中学毕业后，妈妈坦然地对她说："弟弟想要出国深造，所以我们要留点钱给他。何况你爸爸也退休了。你毕业后，就出去工作，像姐姐们一样，交给我一些钱，贴补家用。"

妈妈的坦然，完全没有考虑她的感受、她的未来，也让她更加确信妈妈不仅不爱她，还要利用她成就弟弟的未来。而她，还是一贯地压抑自己对妈妈的愤怒，还有对弟弟的鄙视。

长大后，她结婚了，育有一儿一女。

她无意识地继续与弟弟争宠。她希望妈妈喜欢她的孩子，多过喜欢弟弟的孩子；她希望妈妈多来探望她，多过探望弟弟；她希望妈妈问候她，多过问候弟弟。

在一次新年聚餐中，她与弟弟积怨多年的不定时炸弹终于爆炸了！而且一发不可收拾。这场争吵仅仅因为一只鸡腿而引发。外婆夹了一只鸡腿给外孙（她的儿子），可是，内孙（弟弟的儿子）也吵嚷着要吃鸡腿。此时，饭桌上的鸡腿都被吃完了。结果，外婆把本来夹给外孙的那只鸡腿，从外孙的碗中夹到内孙碗中。

她忍无可忍，怒火冲天。她放下筷子，拍着桌子说："为什么连一只鸡腿都要让给弟弟？！"然后，她破口而出，"妈，你太过分了！"饭还没吃完，她就收拾行李，带着两个孩子离开家乡。开车回自己家的时候，她告诉自己：以后再也不回这个家！

不与父母和解，痛苦就会在亲子关系中重复

后来，无论姐姐们如何劝说，她都心意已决要彻底地恨妈妈！

5年后，住在老家隔壁的四叔去世，她回家乡奔丧。虽然看到妈妈偷偷站在家门后望着她，但是她不回以任何表情；她

的脚，一步也不肯踏进家里。

她不知道她的妈妈有多么想念她。她更不知道，她也渐渐地变成了妈妈的"复制品"。她不但从妈妈身上学到重男轻女的观念，也学到不重视孩子的感受及期待。她竟然把不喜欢的、厌恶的情绪，也传递给下一代。

结果，她的女儿逃学、抽烟、顶撞她，甚至偷她的钱去买昂贵的手机。正因如此，她带着女儿来到咨询中心，希望我能够"修理"她的女儿。

我很清楚，我无法"修理"她的女儿，因为她是人，不是机器。

几次交谈之后，我更加清楚，最根源的问题是：她恨她妈妈。所以，她的女儿也恨她。起初，她完全不相信问题是她一手造成的，我当然不想学老师那样直接告诉她。当我沉住气与她一同抽丝剥茧后，她终于接受女儿的叛逆行为只是一种呼唤记忆的提醒——提醒她要回家去，弥补与妈妈之间内心的遗憾。

女儿的内心经历，还有妈妈的内心经历，作为妈妈，作为女儿，她都经历了，也终于明白了……

各位读者，请不要一厢情愿地以为，你与父母的关系不会影响到你和孩子的关系。你曾指责的，将会引来别人指责你；

你曾怨恨的，也将会导致别人怨恨你。当你经历了这两种状态，你才有能力看见完整的生命。而我深信，我们不但可以探索过去的生命历程，还可以创造新的生命历程。

如果我们要怨恨父母，可以有千百种理由，以此不断地加深我们对父母的恨意。可是，如果我们愿意给父母一个爱的理由，我们就可能找到解决亲子关系的出路。那么，你就可以放下心中的包袱，继续前行，活在一个更宽广的世界里——不仅你在成长，你的家庭、你的孩子也在共同成长。

祝福你，我的读者们。

02

恨是幻觉，
爱是真相

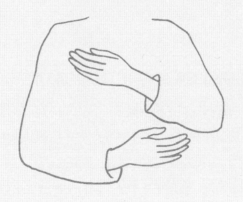

她二话不说，收拾好重要的东西，
离开了他——就像当初离开爸爸那般，
她毅然地离开丈夫、放下孩子。
她的足迹遍布许多国家，但就是不愿回家。

恨是幻觉，爱是真相

已婚的佩芬今年36岁，我认识她长达7年。7年前，她报名参加培训课程，想要成为辍学生关怀志愿者。当我在讲授为期一年的培训课程时，只要有涉及原生家庭的相关内容，她都不怎么发言，而且表情多是紧绷的、焦虑的。

我心里明白，她把生命中的一些过去埋藏得很好——那是一些伤痛，也是一些遗憾。可是，每周的课程仍会不断地软化她心底的硬壳。她的那些伤痛早就隐隐作痛，迫切需要被释放出来。

最后一堂课，她握紧拳头、咬牙切齿，诉说曾经的伤痛——她与父亲的关系向来都非常僵硬且疏远。

"我的爸爸是一个不讲道理的人。"她埋怨道。

当父母一方受伤，孩子就会挺身而出

爸爸一直以很霸道的方式教育我们，并且每个家庭成员都要听从他的指示，只有爸爸说的才是对的。

她说："爸爸大男子主义，常常欺压妈妈。"身为大女儿，佩芬觉得爸爸不可以如此专制。结果，因为看到妈妈的懦弱无助，佩芬的性格反而很强势。每当小小的佩芬为妈妈挺身而出的时候，爸爸总会斥责她或打她。

佩芬有3个弟弟，弟弟们对爸爸十分敬畏。爸爸对儿子们很严厉、要求很高。当她目睹弟弟们挨打受骂，而妈妈也束手无策的时候，她就会保护3个幼小的弟弟，发誓与无理取闹的爸爸对抗到底！

佩芬的成长过程，使她不得不成为一个与爸爸对抗的角色。当时，佩芬刚满19岁，她便匆匆地离开家乡，选择在吉隆坡继续求学深造；她只是为了不与爸爸共处，避免长期的冲突。

每次回家，当她看到爸爸又开始不可理喻的时候，她还是忍不住对着年迈的爸爸大声呵斥。曾有一次，因为大男子主义的爸爸故意找碴儿，佩芬忍无可忍，她连忙收拾行李回自己的家。回父母家不到24小时，她又离开了，这真是个不能容纳她的家。

原生家庭的问题全被带进亲密关系

佩芬 20 多岁时，情窦初开，认识了一位外籍男友。爸爸知情之后，坚决反对，甚至警告佩芬："如果你与那个男人结婚，你就不要认我做你爸爸！"

不受约束的佩芬，坚持与那位外籍男友结了婚，还生了一个女儿。当时，只有妈妈和弟弟们参加她的婚礼。她心想，这样的爸爸不来也罢。

然而，佩芬与父母的问题还是被带进了她的婚姻里。在原生家庭里，她学到的是"要与男性争取权益，就一定要斗争到底！"所以，当她每次从丈夫身上看到爸爸的影子——霸权、掌控，她都难以忍受。

毫不意外，她的婚姻也亮起了红灯。丈夫瞒着她，与另一个女人共处了一年。那是她请私家侦探调查之后，才得知的真相。

看到丈夫出轨的证据后，强硬派的她二话不说，收拾好重要的东西，离开了他——就像当初离开爸爸那般，她毅然地离开丈夫、放下孩子。

家人的包容，让伤口逐渐愈合

自此以后，她放下孩子、放下婚姻，一个人去流浪，开始了犹如浮萍般漂泊的生活。她曾去缅甸当志愿者，去澳洲做生意，去非洲流浪……她的足迹遍布许多国家，但就是不愿回家。

因为，她知道爸爸一定会奚落她，一定会趁此难得的机会抓住她的死穴，数落她或怒骂她。所以她唯有独自一人，在无数个失眠的夜晚，舔着心中一直淌血的伤口。

每次打电话，妈妈都会劝她回家。最终，佩芬为了见妈妈、弟弟们、孩子，冒着被爸爸奚落的风险，回家了。

令她意外的是，爸爸沉默着，不作声；一家人也不再提起她那段破碎的婚姻，仿佛事情从未发生过。

你可以找回爱的能力

2000 年，佩芬到新加坡工作。虽然她与爸爸的关系不再对立，可还是僵持不下，双方没有共同的话题。

2005 年，新年的一个礼拜前，佩芬找我谈："我爸有婚外情。我妈留在我家，整天泣不成声。我该怎么办？"

我告诉她："你应该回家把爸爸接过来。"

她急切地说："这怎么可以？我不行！"

我安慰她："我知道你行的。**你已经不是过去的你。你现在心中充满了力量、爱人的能力。**这几年，你参与了工作坊、咨询、助人工作，这些经历让你逐渐成长。你已经不是过去的自己。"

我问她："你恨你爸爸吗？"

她说："我不恨他，我只是生气。"

我继续问她："你生气的背后是什么？"

她说："在意，在乎。"

我说："你可以告诉他，你很在意他、在乎他。不要让他认为你只是感到气愤。你要试着告诉他，其实你很关心他。你可以在过年回家的时候，去拥抱他。要记住，你已经不是过去的自己了。"

我耐心地向她解释："一般来说，儿子和妈妈比较亲近，而女儿和爸爸比较亲近。然而，你们四姐弟都和妈妈亲近，所以爸爸在家里肯定非常孤单。你不要期待你的弟弟们会扮演亲近的角色，因为父子关系更难流露真情，所以，**如果你想要维系这个家庭，你一定要回家。你要告诉爸爸，你爱他。其实，家人之间这么多年的积怨，恰恰也说明你们都在乎彼此。**"

最后我问她："你要不要继续成长？"

她坚定地说："要！"

我鼓励她说："那就回家吧！成长的考验和馈赠都在爸爸那里。"

她激动地对我说："嗯，我一定要做到。"

选择不再怨恨父母

除夕晚上，她回家见到了爸爸。她挣扎良久，不敢说出真心话，当然她也不敢拥抱爸爸，只是试着与爸爸坐着聊天，不过，家里已经好久没有这样的画面了。她其实很想拥抱爸爸，可是她不敢上前，内心忐忑不安。

我想，其实爸爸也很爱佩芬，可是他不会表露真情。他们彼此都害怕一旦表现出真诚或脆弱之后，就会引来对方的不满或数落。

大年初一的早上，她向爸爸拜年。在客厅里，她不断深呼吸，然后鼓足勇气对爸爸说："爸爸，我可以抱抱你吗？"

爸爸笑着对她说："可以。"

她很惊讶，没想到一切会如此顺利。

她紧紧地与爸爸相拥。那是她人生中第一次，与自己的父亲靠得那么近。

爸爸满眼泪花，女儿也红着眼睛。

她双手握着爸爸的手，说："爸爸，你要照顾好自己。我很关心你。"

爸爸低声说："知道了。"

此时，活泼可爱的外孙女看到妈妈抱外公，也嚷着要抱外公。

佩芬在当天发短信跟我说："我终于拥抱了我爸爸。你说得对，我不再怨恨爸爸。我不再是过去的自己了。"

我在家乡与家人过年之际，看到这则短信，连忙回应说："你做到了。**表达爱，其实并不困难。爱的力量，肯定比恐惧的力量强大得多**。佩芬，祝你新年快乐。"

专注于爱，创造出爱

回到新加坡后，佩芬对我表示了感谢，还邀请我共进晚餐。

我说："不用了。你最要感谢的人是你自己，是你允许自己选择了爱，多次地选择了爱。你要把这次的经历牢记在心里，并且不断地提醒自己：**我已经不再是过去的自己，那些曾经的伤痛，我可以放下了**！"

如今，佩芬与爸爸的关系越来越融洽，爸爸也重新回归家庭。

其实，我们渴望的并不是玩"我对你错"的游戏，而是渴望再度被爱。当我们每次对父母或者伴侣说"我恨你"的时候，内心隐藏的声音是"为什么你不能多爱我一些？"当你感觉不到他们的爱，你才会心生恨意。**因此，当你怨恨时，其实是你心中渴望再度被爱。**同时，遭受最大伤害的，不是被怨恨的人，而是怨恨者本身，因为恨的能量就停留在怨恨者心中。

你要清楚，你们的关系不可能因为怨恨、明辨对错而得以改善；而是因为爱与自由，得以治愈。如果你专注在怨恨上，你就会吸引可恨的人或事；如果你专注在爱上，你就会获得更多的祝福或爱的机会。

上一代无法做到的事，就让我们这一代去完成它。当你改变时，你身边的人也会随之改变。

希望你能明白：恨是幻觉，爱是真相。

03

原生家庭的伤，
可摧毁人，
也可促使人成长

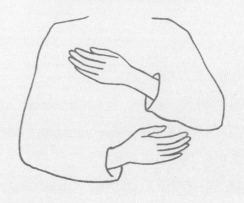

"小时候，我跪在爸爸面前，求他不要走；
没想到，如今却是我儿子
跪在我面前，求我不要走……"

原生家庭的伤，
可摧毁人，也可促使人成长

那个夜晚，妈妈不停地哭泣。

妈妈叫他跪下来，求爸爸。他和妹妹思绪混乱，连忙跪下。

他跪着一步步地挪到爸爸跟前，眼泪大颗大颗地滴落。他抽泣地对爸爸说："爸，请你不要走！"

那一年，他只有 8 岁。这幕情景，令他难以忘记。

完美的外表下，压抑着童年的创伤

如今，他 38 岁，已婚，育有一双儿女，事业进入稳定期。

他投身于教育行业，希望可以陪伴孩子们成长；同时，他也在研修心理咨询文凭课程，不断提升自身能力。他希望年老以后，可以把自己的事业转让给其他投资者，以便自己可以全身心地投入志愿者工作。

他是别人心目中的好丈夫、好爸爸，常常给很多单身女子带来相见恨晚的感觉。

那天，他前来找我。他一身西装打扮，笑容满面。那是他给我的第一印象：一个很有魅力的男人。

他说："我听说，你对婚姻有独特的看法。"

我有些惊讶地问："谁说的？"

他回答："我的志愿者朋友说的。还有，我看了你写的那本书，所以我这样认为。"

我笑着说："朋友们赏脸而已，别信他们说的。"

我很怕大家是冲着虚幻的名气而来，因为我并没有他们想象中的博学多才。何况，对于婚姻和家庭，我依然在茫茫人海中学习如何爱与被爱。

他与我谈到他的理想、事业、孩子、志愿者生涯，以及他对心理咨询学派的认知和经验等。一个近乎完美的男人，完美得让我觉得包装过度。

整个交谈中，我早已察觉到他不提他的父母，还有妻子。我不敢多问，也无须多问。我们之间，顶多只有咨询界同侪间的交流关系，完全不存在心理咨询的关系。

最后，我们礼貌握手，互说再见。

我和妻子的关系很不好

事隔一个月后，他再次前来。我料想到，他肯定会再来。因为，他还没有说出他与父母、妻子的故事。我想，那才是重点。

他那天看起来很疲惫，虽然他还是西装笔挺，但是脸上少了笑容。

他说："我可以跟你谈一谈吗？我需要你帮我梳理一下。"

我笑着说："当然可以。"我请他一同坐在心理咨询室内，我们的咨询关系正式开始了。

一个自尊心很强的男人，是不容易放下面子、寻求帮助的。他能够再来，已经令我惊讶不已。至于是梳理、心理咨询，还是求救，它们对我而言，根本不重要。

他直言不讳地说："我和妻子的关系很不好。"

我点头，没有说话。

他解释道："我把自己弄得很忙碌。工作、上课、做志愿者……因为，我不想回家。我不知道如何与妻子沟通。"

我点头，依然没有说话。

已有3年，他与妻子一直没有说话，两个孩子是他们的传话人。

无论如何，他是一个负责任的男人，是家里的经济支柱，也是孩子们的好爸爸。可是，他不是个好丈夫。

他无奈地说："我妻子是个神经紧张的人，特别没有安全感。只要我外出，稍微打扮、喷香水，她就会疑神疑鬼。有天晚上，妻子竟然拿着一把刀，放在自己的脖子上威胁我。她不让我出去鬼混，可我根本没有！我只不过去心理咨询中心当热线志愿者而已。那个晚上，我赶紧把孩子们送到父母家，担心他们受到惊吓。"

他继续补充说："我妻子有抑郁症。我陪她一同去看过精神科医生，医生说她只要吃药就会渐渐康复。她总觉得我做得不好，但其实问题的根源在她那里。"

我只倾听，不多说话。如果要讲大道理，他比我懂得更多。我相信，他只需要一个宣泄的空间，就足够了。

最后，我们还是礼貌握手，互说再见。

坦白说，这一次，我更靠近他一些。至少，他愿意放下过度包装的面子。

儿子跪在我面前，求我不要走

一年后，我已经快忘记他了。

他打电话来，"以量，你还记得我吗？"

对不起，我真的有点儿忘了。

他讲起一些生活琐事来提醒我。喔，我想起你了，一个近乎完美的男士。

他再次前来咨询中心。这一次，他不再穿整齐的西装，而是一身邋遢，还有一脸胡碴儿。我知道，他的生命价值被动摇了。

他看起来疲惫不堪，脸色苍白，脸颊消瘦。他懊恼地说："我的女朋友叫我离婚。"

女朋友？

是的，他认识了另一个女人。那是他心目中完美的女神。她热爱生命，也热爱心理咨询这项工作。她是他的同学，也是他的志愿者伙伴。他们有很多共同的话题、理想和价值观。最重要的是，他们对彼此都有怦然心动的感觉。

可是，她也已婚，婚姻也并非美满。

她对他说："如果你愿意离婚，我愿意和你一同走入我们的婚姻。"

我们的婚姻？

他却步了。他以为她可以带给他幸福和宁静，岂知，那只不过是暴风骤雨前的台风眼。

妻子聘请私家侦探打探他的生活，对他婚外情的来龙去脉一清二楚。妻子对他说："你如果离开我们，我会带着孩子离开这个世界。"结果，两场猛烈台风的转速让他招架不住。

前天晚上，他的儿子跪在地上，求他不要走。说到这里，他哭了。他再也无法压抑自己内心的痛苦，毫无保留地在我面前哭泣，就像个 8 岁男孩。我陪着他，不作声，只想让他痛快地大哭一场。我希望他不再伪装自己，因为那完美的伪装表象，是虚幻的。

当他稍微平静后，我问他："你现在心里在想什么？"

他看着我说："为什么我还是脱离不了那个诅咒？"

我摇头，表示不解。

他继续说："小时候，我跪在爸爸面前，求他不要走；没想到，如今却是我儿子跪在我面前，求我不要走！"

他的眼眶湿润了，情绪很激动。

我明白了。那是一种原生家庭的诅咒——儿时不想经历的事情，却隐藏在洪流滚滚的生命里，长大后还是要经历，而且还要从不同的角色再去经历。我仿佛看到"他跪在爸爸面前"与"儿子跪在他面前"的画面重叠。在这三代人的父子情中，他既是爸爸，也是孩子。

他说："我从小就告诉自己，长大后不要像爸爸那样不负责任。我一定要建立幸福美满的家庭，我要让孩子快乐地成长，可是，我现在却把自己的家弄得伤痕累累。"

他垂下头，烦躁地抓了抓头发。

对于婚姻，我的立场很鲜明：我反对婚外情，更不支持丈夫或妻子发生婚外情。我主张一夫一妻制。因此，我知道我接下来要提出的问题或给予的回应，都会有意或无意地引导他回去与妻子生活。不过，我知道，这对他是没有帮助的，因为每个人都拥有自由选择的权利，所以我想引领他到另一条道路上去——"探索原生家庭"。在他抉择离婚与否之前，我希望他能够重走那条"回家"的路。

爸爸，你为什么不爱我？

于是，我请他再次叙述童年的情景，请他跪着对爸爸说话，重现当时的情景。

"那很难。"他说。

"是的，那很难。"我说，"如果你愿意继续成长，我愿意陪你一起经历。你愿意吗？"

他摘下近乎完美的面具，跪下去。

我则扮演他的爸爸。

他对我说："爸，请你不要走。"他再次流下眼泪，让心底的悲伤一点点流淌。

我缓缓走到他的身边，蹲下去，陪着他。

我问他："说完这句话后，你感觉怎样？"

他反问我："为什么没有人爱我？"

我追问他："你指的人是谁？"

他回答："我爸爸。"

我料到了，又问他："所以，你内心想说'爸爸，你为什么不爱我？'对吗？"

他回答："对。"

"你找到答案了吗？"我问他。

"没有。"他有些失落。

"的确，生命中有很多'为什么'是找不到答案的。"我站起来，停了一下。

看着跪在地上的他，我问："你最需要什么？"

他说："我需要爱、关心和体谅。"

他的回答有些出人意料，我半信半疑地说："真的吗？我还以为你需要成就、名利和完美。"

他肯定地说："不是的，我需要爸爸的关爱，可他已经去世了。"

我问他："那你打算怎么办？"

"我可以给自己爱。"他若有所思地说。

"嗯。我们向前迈进了一步，你感觉到了吗？"我满怀期待地问他。

他看着我，点点头。

我不需要多说。他清楚我的动机是什么，使用的策略是什么。

我要他学着多爱自己。那些父亲没给的爱，我们要自己去学习、开发、创造；那些父亲留下的仇恨或遗憾，我们要还给他们。唯有多给自己一些爱，我们才有能力爱别人，特别是爱我们的孩子。

我请他站起来，然后我蹲在地上，扮演他的儿子。

我对他说："爸，不要离开我。"

他语塞了，良久。

我缓慢地重复："爸，不要离开我。"

他不停地掉泪，用力地深呼吸。

我站起来，问他："你在想什么？"

他叹了一口气，说："我的内心很复杂，似乎我终于明白爸爸当初没有留下来的原因，同时我也理解了他心中的矛盾和挣扎。可是爸爸曾经的经历，我竟然在重蹈覆辙。"

我说："不过，你现在打算重新选择吗？你完全可以和你爸爸做出不同的选择。"

他思考了很久，整理前所未有的思绪，而我希望多给他一点儿时间思考。其实，**我们曾经未解决的课题，如今会重现，就是要让我们做出一个更好的选择，以摆脱旧有思维带来的痛苦。**

经过深思熟虑后，他做出决定："我不要像我爸爸那样放弃家庭。可是，我觉得现在最重要的是学习如何爱自己、尊重自己、肯定自己。那样，我相信我的妻子和孩子便不会放弃我。"

我微笑、点头，表示赞同。

他也微微点头，但没有微笑。不过，他已经清楚了眼前要走的道路。

最后，我们还是礼貌地握手，互说再见。这一次，我看到了一个真实而没有包装的人。

后来，他再也没有来找过我。我从别人的口中得知，他离开了女朋友，换掉了志愿者工作，也放弃了继续深造的念头，他花了许多时间陪伴妻子和孩子。虽然婚姻关系依然不尽如人意，但是他选择不再走和爸爸同样的道路了……

让我们一同祝福他们一家——他、妻子和孩子。

关系阻塞，
相处如何顺畅？

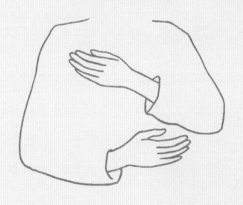

"你爸爸的原生家庭以打骂来解决问题，
你妈妈的原生家庭则以忍让来解决问题。
这样的一对男女结为夫妻，
如何找出一个合适的方式来解决家庭问题？"

关系阻塞，相处如何顺畅？

那是一场给父母的讲座。在没有预设任何演讲内容的情况下，我在演讲现场提出几个议题，让观众举手投票决定他们想听的内容。那晚，我不断邀请观众扮演不同的家庭成员，希望他们能从一些模拟家庭里看出"不同的关系，如何导致不同的互动模式"。

其中一个模拟家庭是这样的。

我请两位年约40岁的男士和女士扮演夫妻，并由两人牵着一条布带。我告诉观众："这条布带是夫妻线，是家庭中最基本、最重要的关系线。"接着，我请了两名男士及两名女士站在这对模拟夫妻的背后。我继续告诉观众："这后面的4个人是他们各自的父母。"

　　我再给这对模拟夫妻各自两条布带，请他们用布带与自己的父母联结起来。此时，观众在台下看到 6 个人——2 个在前，4 个在后。

　　我对观众说："大家看到了吗？结婚不是两个人的事情，是两个家庭，甚至整个社会的事情。"

父母不同的教育方式，影响亲子关系的好坏

　　站在模拟丈夫的旁边，我说："这个男士学习如何做男人，很多时候是从小通过父亲的言传身教学习的。他如何与女生交往、沟通，很多时候也是从小看父母如何相处而习得的。"

　　然后，我走到模拟妻子的旁边，告诉观众："这个女士，也是从小通过妈妈的言传身教，以及父母的沟通模式而学习如何做个女人，如何与男士交往、沟通。"

　　我问："到现在为止，大家还看得懂吗？"许多观众点点头。接着，我开玩笑说："好啦，我们现在要'生孩子'啦！我想生一个男孩出来。"台下的观众顿时哄堂大笑。

　　一个看起来 30 多岁的男士自告奋勇地举起了手。我请他站到台上来，观众们纷纷鼓掌给他鼓励。我请他站在模拟父母的面前，面向观众。我给他拿一条布带与爸爸联结，告诉观众："这是父子关系。"然后，请他拿另一条布带与妈妈联结，说：

"这是母子关系。"

我问观众："父子关系和母子关系是一样的吗？"大家一时间答不出来。

我换了一个问题："请问你们的父母教育你们的方式一样吗？"很多观众都摇头。然后我说："嗯，正因为父母教育孩子的方式不同，所以亲子关系当然也不一样喽！其实，在我们的心目中，每一段家庭关系都有不同的分量。有些孩子比较爱爸爸，有些则更爱妈妈，这是无可厚非的；当然，还有些孩子，对爸爸、妈妈都不爱。"

我调皮地与观众开一个无伤大雅的玩笑，但我相信，有时他们的孩子的确不喜欢他们。

父母教育孩子的价值观和态度，源自原生家庭

我继续问观众："既然父母的教育方式不同，那他们是从哪里学习教育方式的？"

由于观众一眼就看到了台上的雕塑关系，因此，答案一目了然。大家都指出教育方式是来自模拟夫妻的父母。

"是的，我们都是从我们的父母那儿学会教育孩子的方式。很多时候，父母根本没教我们，我们只是凭借他们如何对待童年、青少年时期的我们，以复制的方式对待我们的

孩子而已。关于如何教育孩子，我们既没缴学费上课，也没参加考试，所以，我们的第一个孩子，很多时候都是实验品。"我说完这段话，很多父母都点头表示同意。

台上的模拟儿子也点了点头。

我问他："我猜，你也是家里的大儿子吧？"

他说："是的，你怎么知道？"

我说："因为我看到你在点头呀！我的话好像说到你心里去了。"

大家都笑了起来。

我继续问他："你的爸爸对你怎么样？"

他停顿了一下，说："我爸从小打我，每个孩子他都打。"

台下有些观众情不自禁地笑出来。我挥手向他们示意，不要嬉笑。

我说："谢谢你这么真诚的分享。我知道你站在这么多人面前说出这番话，非常不容易。"

他低下头说："是的。"

我站在他身边，感受到他既无奈又愤怒的情绪。我问他："你说你爸爸打每个孩子，你有几个兄弟姐妹？"

他说："我有两个弟弟。"

我问他："你可以在这里向我们展示你和原生家庭的互动吗？"

他说："好的。"

我请后排的 4 位祖父母下台，接着，我收起所有的布带，请他从观众席里，挑选两个像他弟弟的人上台。

现在站在台上的是：爸爸、妈妈、他和两个弟弟。

爸爸控制欲太强，父子关系岂能改善？

他说："爸爸是个有钱人，做生意，资产近千万。"

我听懂了，那是一个有权有势、令人敬畏的爸爸。我请爸爸叉腰站着。

他再叙述道："我妈妈是个典型的家庭主妇，她觉得爸爸做什么都是对的。"

我也听懂了，那是一个懂得忍让、无法抗权的妈妈。我请妈妈跪在爸爸的旁边，模拟妈妈很不情愿地蹲了下来。

我问他："这样的画面，你熟悉吗？"

我指着爸爸站立、妈妈跪下的画面。

"嗯，就是这样。"他说。

我问他："爸爸在你几岁时开始打你？"

他回答："在我很小的时候。他经常无缘无故地打我。虽然他现在老了，不再打我，可是我现在每次回家，只要他一个质疑的眼神或说出控制我的话，我都会无比反感。现在轮到我很想打他。所以，我经常不回家，因为每一次都是不欢而散。"

我有些惊讶地问："你想怎么打你爸爸？"

他说："狠狠地打他一顿。"

我听到他心中对爸爸积压已久的怒气。我请另一个观众扮演他，并站在爸爸的面前。爸爸与长子都伸出手去指着对方。

我问他："你的弟弟呢？"

他回答："我的弟弟一个被抓了，另一个在国外跳机了。"

看来，这个家庭并不能保护孩子，而是在伤害孩子。我请两个弟弟背对着这个家庭，表示能逃多远就逃多远。

我指着台上的那个家庭雕塑，问他："你的家庭，现在就处于这样的状况，是吗？"

他点头。

"那你怎么看待你的弟弟们？"我继续问道。

"我很羡慕他们。至少他们不用再面对爸爸，也不用再回到这样的家庭。"他说。

他微微点头，肯定地说："所以，我不喜欢回家。每次回家，我一定会看到妈妈在任劳任怨地做家务，偶尔还会暗自哭泣，然后，我也一定会听到爸爸用强硬的语气骂我。"

时光不断地流逝。可是，这位男士的父母依然采取 20 年前的互动方式，没有太多改变。一个 30 多岁的儿子，他的父亲还是以对待 10 多岁孩子的方式来对待他。

孩子没有问题，家庭互动关系有问题

我对他说："你再看一次这个画面。"

我请 5 位模拟家庭成员尽力地把这个家庭雕塑的关系表现出来——爸爸伸出双手，对着每个家庭成员怒骂、斥责；妈妈蹲在地上，对着每个家庭成员忍辱求全；大儿子伸出双手，觉得父母让他很反感；二儿子和三儿子背对着这个家庭，仿佛这个家庭已经不再与他们有任何关系。

他认真地看着这个家庭雕塑。

我问他："你觉得问题出在哪里？"

"在爸爸那边。"他脱口而出。

"并不是。"我坚定地说。

他有些似懂非懂。

"你来当爸爸，感受一下爸爸的心情。"我邀请他站在爸爸的角色位置上，伸出双手，很认真地看着自己的家庭。

我问他："你觉得怎样？"

他叹了一声，说："感觉很累。"

我说："你的爸爸也是普通人，他长期用强烈的情绪来控制你们，一定会心力交瘁。他也在这个家庭里受伤了。其实，在这种情况之下，每个家庭成员都感到很疲惫。你现在再站出来。"我请那位扮演爸爸的观众继续扮演。

我再次问他："你觉得问题出在哪里？"

他试探地问："妈妈？"

我摇摇头，说："不是。"

我又一次问他："你觉得问题出在哪里？"

他疑惑地说："难道是我们 3 个孩子吗？"

我回答："也不是，不是你们的问题。你们只是长年累月地回避问题。其实，**不是哪位家庭成员出了问题，而是互动关系出了问题。尤其是你父母的夫妻关系，那是家庭最根本、最基础的关系**。"

他若有所思地看着我。

重建夫妻关系，孩子获得幸福

我问他："你爸爸经常打孩子，他从哪里学来的？"

他小声地说："我的爷爷也很凶，他比我爸爸更厉害。"

我再次问："你妈妈一直忍气吞声，也不为你们出头，她从哪里学来的？"

他略带骄傲地说："我的外婆可不是这样，不过，我的外公是一个好人，我妈妈的性格很像他。"

我说:"你看,你爸爸的原生家庭以打骂来解决问题,你妈妈的原生家庭则以忍让来解决问题。这样的一对男女结为夫妻,如何找出一个合适的方式来解决家庭问题? 你的爸爸越生气,你的妈妈就越忍让;妈妈越忍让,就导致爸爸更敢于生气。所以,你们3个孩子就要在他们不平衡的互动里找到一个平衡点。通常,在父母的冲突压力下,孩子不是反抗,就是逃走。你选择了反抗,你的两个弟弟则选择了逃走。无论是反抗还是逃走,你们都受伤了,你们都为父母的两个原生家庭付出了沉痛的代价。"

他静静地听着。

我问他,也问台下的观众:"你们明白我说的话吗?"

大家点了点头。

我向观众反复地强调:"<mark>夫妻关系是家庭里最重要、最根本的关系。</mark>如果你们看台上的模拟家庭,或者是你们各自真实的家庭,就会发现,每段关系都有血缘关系,可是,唯有夫妻是没有血缘关系的。然而,夫妻关系不但非常重要,而且非常脆弱。很多时候,我都发现所谓的'青少年偏差问题',大多是源于夫妻的沟通不畅。实际上,<mark>孩子的'问题',不是他们自身有问题,大部分的孩子只是背负着他们的家庭问题。</mark>"

男士听后若有所思,激动地说:"你讲得这段话,非常触动我！"

我满怀期待地问："你现在怎么办？打算如何调整自己？"

他回答："我现在搞清楚了。我一直以为问题出在爸爸身上，可是当你说'是互动关系的问题，而不是人的问题'后，我仿佛觉得我们都没有问题了。"

我笑着说："问题还是存在的。可是很多时候，我们不要过于关注问题本身，应该思考如何解决问题才是关键！**虽然我们无法选择哪种人会成为我们的父母，而父母也无法选择孩子会成为怎样的人，但我深信：人与人的互动犹如一面镜子——虽然不能决定别人怎么做，但可以决定自己怎么做。**"

我很感谢这位男士真诚地分享，他的经历和变化让我们受益匪浅。

课程结束后，这位男士叫住了我，他说："我一直在努力学习做一个好儿子，也想成为一个好爸爸。"他希望这一趟回家乡可以拥抱自己的爸爸。

他目前育有一儿一女。他很认真地跟我说，他要如何养育儿女，如何不再用上一代的方式对待自己的孩子。

我笑着问他："你打你的孩子吗？"

他笑着对我说："有时候，也是要打的。"

我们都笑了起来。

　　与他和他妻子握别时，我特别对他妻子强调："你的丈夫很棒！祝福你们！"

　　坐车离开时，我向他们挥手道别，希望他们能够共建一个爱孩子、不伤害孩子的和谐家庭。希望过去的伤害停止在原生家庭里，不再衍生、不再伤害下一代。

你的泪与累，
要他来负责？

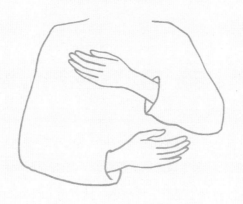

很多受害者的眼泪、埋怨，
甚至一些"可怜"的言语，
都是他们变相的权利。
他们试图要掌控身边的每个人，
让每个人都产生愧疚感。

你的泪与累，要他来负责？

孩子喜欢玩游戏，其实成年人也沉迷于游戏，那是一场又一场的心理游戏。

我很喜欢心理学家史蒂芬·卡普曼（Stephen Karpman）提出的"戏剧三角形"概念。他假设每一场心理游戏都是一场小小的戏剧，而剧中只有3种角色：拯救者（Rescuer）、迫害者（Persecutor）和受害者（Victim）。

成年人在玩心理游戏的时候，往往会不由自主地沉浸在某个固定的角色；当然，偶尔也会互换角色，继续在这场戏剧中寻求生存。很多时候，人们都会伤痕累累，以失败收场。

一个家庭若有太多无法承受的压力，心理游戏则更容易显现。一个伤人的家庭，会不断重复相同模式的心理游戏，孩子也被卷入其中。这样的孩子长大后，即使面对不同的对手和情境，他也会无意识地邀请别人，不断地与他重复相同的心理游戏。仿佛那是他活着的法则，而他的责任就是要把这种心理游戏继续传递给下一代。他不知道，其实他已经迷失在其中了——既伤害了孩子，又伤害了自己……

孩子，你不必做父母的拯救者

我有一个案例，当事人曾经看过我在新加坡《联合晚报》接受亲子咨询的采访，因此特意前来寻求心理帮助。

38 岁的她是一名专业人士，也是生意人。从她一身黑色中性西服的打扮来看，就知道她在职场上有一定的决策权力，可能是个领导。

她和她的两个女儿一同前来咨询，她一开口就对我说："我已经向很多心理老师咨询，也请不少有名的精神科医生诊断，可是效果都不尽如人意。现在，我只能来寻求你的帮助。"她用一种厌恶的眼神看着她的两个女儿，然后对我说："看看你能否'修理'她们！"

我听后，不舒服地皱着眉头。我对她所说的"修理"一词不敢苟同，更对她的开场白感到反感——她说话的语气咄咄逼人，有一种对助人者不屑的挑衅。

我没有回应她的问题，也懒得向她解释孩子是不可以被"修理”的，更何况请我去“修理儿女”的父母，又不是只有她一个。

我看了看她的两个女儿，也翻阅了她们填写的资料。她们一个 14 岁，一个 12 岁，正值青春年少。她们的眼睛不断地环顾心理咨询室的四周，就是不肯停留在我和她们妈妈的身上，看来她们已对妈妈说的话无动于衷。我感到一种无形的愤怒正在酝酿，仿佛她们心中的叛逆力量随时可能爆发。

这个家庭，到底发生了什么？

这个家的男主人，3 年前离开了。从此，妈妈扮演着两个角色——她是爸爸，也是妈妈；是白脸，也是黑脸。她对自己、对女儿们的期望非常高，她也对家庭竭尽全力地付出。她一直强调：“我花在她们身上的时间与精力，是你无法想象的。”

我似乎明白了，由于她过多的爱，会把孩子宠坏，也会把孩子绑住。

她说：“为了她们，我根本顾不上吃晚餐，在办公室也忙到没时间吃午餐；我花了无数个夜晚，读了很多亲子教育的书籍；为了她们，我牺牲了很多个人时间，拒绝了很多男士对我的追求；我甚至连上厕所的时间都没有。”说到这里，她哭了。她扭曲的表情完全不像个妈妈，倒像个受尽委屈的小女孩。看到她哭泣，大女儿忍不住反驳说：“我可没有不让你上厕所。”

妈妈将她经历的所有伤害都怪罪到两个女儿身上，包括没时间吃饭、上厕所，也是女儿们"害"的。她在扮演受害者的角色，话语中充满浓烈的受害者色彩。那是她最熟悉的神韵、语气，以及不断重复埋怨的对白。其实，她的两个女儿并没有行为偏差问题。在她看来，她们不如别人的孩子聪明，反应不够敏捷，家务做得不够细心；她们不听话、不服从，只会顶嘴。

听到这里，我终于明白了，爸爸的逃之夭夭，加重了妈妈作为受害者的戏份儿。一旦妈妈扮演典型的受害者角色，就必须要有迫害者角色，心理游戏才能开始。结果，两个女儿都不愿意扮演拯救者，偏偏选择了与妈妈作对的迫害者角色。

扮演正确的家庭角色，亲子关系得以改善

受害者对于掌权有非常强烈的欲望，因为他们的内心严重缺乏安全感，他们需要外在的肯定与成就来巩固自己的内在价值。如果你能够分辨，很多受害者的眼泪、埋怨，甚至一些"可怜"的言语，都是他们变相的权利。他们试图要掌控身边的每个人，让每个人都产生愧疚感。

所以，你猜猜看，这个妈妈到底要我扮演什么角色？

当然是拯救者的角色了！

如果我认同她的付出，同情她的牺牲精神，进而愿意"修理"她的女儿们，这一场戏剧就可以精彩上演，而我就会不知不

觉地被卷入这一场心理游戏。可是，她万万没想到，我拒绝扮演拯救者的角色。

我请两个女儿离开心理咨询室，单独与这位妈妈交谈。我心平气和地告诉她："如果你想改变你的孩子，首先你要改变你自己，因为孩子就是家庭的一面镜子。孩子只是反映家庭互动的病态，但他们并不是病态的本身。所以，你要重新成长，你要改变自己。"

她告诉我："我已经做过 T-JTA 的测验，我还要成长什么？" T-JTA（Taylor-Johnson Temperament Analysis）能够有效评量 9 种双向的性格特征，进而推测个案与人们的互动模式。

我向她解释："我不是要你再做一遍 T-JTA 的测验，而是要你改变自己。"

她不耐烦地说："我为什么要改变自己？"

我反问她："你的问题问得很好。你觉得没有必要改变你自己吗？"

她肯定地回答："我觉得没有必要改变自己！以前我的妈妈也是这样对待我，可是我从来不顶嘴，也不反驳。虽然她管我，对我要求很高，但我能够体谅她，因为她很可怜，爸爸总是欺负她。因此，我也这样对待两个女儿，我觉得一点儿都不过分。"

小时候，她一直扮演拯救妈妈的角色；现在，她要求她的女儿们扮演拯救她的角色。不过，我深信她的期望会落空。

最后，我发现无论我如何说服她，她都不同意我的说法。我没有勉强她，只是真诚地对她说："有一天，当你愿意改变你自己，我会在这里帮助你。"

我们结束了这一次的面谈。

爱的成长，是重新创造自己

这位妈妈，如果你有幸看到这篇文章，请原谅我当初的词不达意；我想把话说得更清楚一些。

成长不是回溯原生家庭，发现问题后为自己找一个借口，然后把所有的责任都推卸给父母；成长也不是一直给自己灌输知识，并且把知识转化为权威，要求孩子服从；成长更不是继续扮演受害者的角色，让每个人为你的生命负责，并为你改变。如果孩子在这样的家庭中成长，我称之为"伤害性成长"。

对我而言，成长是回溯原生家庭，发现问题后不找任何借口，而是重新创造自己；成长是不断求知，把知识运用在自己的身上，并且去芜存菁，将知识传播给他人；成长更是拒绝再扮演受害者的角色，决定为自己的生命负责，积极做出改变。这种成长，我把它称为"爱的成长"。

所以，这位妈妈，你到底选择了伤害，还是爱？

把负面的还回去，
把正面的传下去

"我终于可以把焦虑和憎恨都还给妈妈。
不过，
我保留了妈妈给我的爱和关心。"

把负面的还回去，把正面的传下去

我很喜欢在带领父母团体成长的时候，问大家两个问题："如果你此生只有一份礼物可以送给孩子，你最想送给他什么？"以及"如果你此生只有一种思想可以传承给孩子，你最想传承给他什么？"

我有一个案例。在长达两年的心理咨询过程中，她的遭遇给我带来很多启发及感触。38岁的她很漂亮，一头秀丽的长发、消瘦的瓜子脸。她不仅天生丽质，而且很会打扮。

她对我说："我长得像我妈妈。"

与她互动一段时间后，我觉得她的内心世界也像她妈妈。因为，她的妈妈送了一份名为"焦虑"的礼物给她，也传承了一种叫"憎恨"的思想给她。

妈妈重复的警告，让女儿对爱情不安

在她9岁的时候，妈妈与爸爸离婚了，原因是爸爸与另一个女人生了两个小孩，组建了新的家庭。

妈妈得知后，坚决要和爸爸离婚，而她的爸爸也放弃了对她和弟弟的抚养权。结果，只剩下妈妈、弟弟和她相依为命。妈妈哭泣、失眠、封闭自己，并拒绝让丈夫探望孩子们。妈妈任劳任怨，不辞辛苦地把他们抚养长大。妈妈经常对女儿说："以后不要找这样的男人做你的丈夫，也不要像妈妈这样百依百顺，不然，你的命会很苦。最重要的是，千万不要抢别人的丈夫！"

妈妈话语背后的初心绝对是爱女心切。可是，日复一日的提醒，根深蒂固，聚沙成塔。

妈妈以为这些话语是警惕和善意，但她不知道，不断重复的这些话语，也会变成一种咒语——不但影响女儿的未来，而且把自己心中对丈夫的憎恨传递给女儿。

由于她从小不断吸收妈妈对爸爸的怨恨，也不得不学会与妈妈的焦虑共处。不知不觉地，妈妈影响了她看待男性，以及与男性共处的方式和态度。

15年后，她选择和一个完全不像她爸爸的男人结婚——这个男人让她有安全感，他不吸烟、不酗酒，也不轻浮。丈夫向她承诺：他将永远爱她。

她为他生了4个女儿。他们的生活美满、幸福。在丈夫的守护下，她无须为家计烦恼。几年后，丈夫的生意开始走上正轨，同时不必要的应酬也变多了。他学会了吸烟、喝酒，每当他回到家，都带着浓浓的烟味、酒味，还有香水味。

她的不安感在心中油然而生——她很熟悉这些感觉。起初，她怀疑丈夫有外遇，但被丈夫坚决否认了。于是，她开始控制他的钱财。她要求丈夫向她汇报每个月的收入及支出；还要丈夫每个月给她一些钱，作为额外的家用，以证明他没有说谎。没想到，她竟然用这些钱请私家侦探监视丈夫的一举一动。

后来，她变本加厉，限制丈夫的公司不能有任何女员工，经常到公司突击检查丈夫的行为，欺骗公公和婆婆说丈夫没有给她任何家用。

终于，长久活在被猜疑的环境中，丈夫的容忍度达到了极限。忍无可忍之下，丈夫先提出分居，然后提出离婚。

这一切，对她而言，"证明"了她之前的猜疑全是对的，因为丈夫最后还是选择放弃她，就像当初爸爸也不要妈妈那样。

显而易见，这样的结果，只是她心中的焦虑和恐惧在不停地作祟。我仿佛看到，她延续了妈妈对爸爸的焦虑及怨恨。妈妈的"叮嘱"阻碍了他们的夫妻关系，且愈演愈烈。

停止父母之间的憎恨，重拾父爱

如今，她患有牙痛、头痛，头发也开始脱落。偶尔她也出现发抖、发冷的症状。她哭着对我说："以前爸爸离开的时候，我妈妈也是这样的。如果妈妈还健在，她一定会支持我，也一定会去骂那个男人！"

她的妈妈绝对不想让她经历现在的一切。可是，她的妈妈绝对料想不到，自己的憎恨与焦虑，如今肆意地在女儿心中蔓延。而我相信，这根深蒂固、不被斩除的憎恨与焦虑，必然还有下一个目标，那正是她的女儿！

在两年的心理咨询过程中，我不断地向她指引方向——切断妈妈对爸爸的憎恨与焦虑，重拾对爸爸的尊敬及关爱，要疼惜自己、信任丈夫……可是，无论我如何努力，都无济于事。

后来，我终于知道，原来憎恨与焦虑才是她最珍惜的礼物。因为这些情感里夹杂着妈妈对她的浓厚爱意，所以让丢掉这些礼物，在某种程度上就是让她背叛深爱的妈妈。况且，那些根深蒂固的思想，已经蔓延到她生活的各个层面，并非轻易就能连根拔起。

这两年来，她与我一同走过一段漫长的自我成长之路。她能够坚持接受咨询，就已经勇气十足了。她虽然明确了自己的目标，但是目前暂时还没有强大的能力扭转局面，不过，我们都没有放弃。

我真的希望她终有一天能清楚地告诉我："我终于可以把焦虑和憎恨都还给妈妈。不过，我保留了妈妈给我的爱和关心。"

给你的孩子传承正面的思想和心态

无论过去，你的父母爱不爱你、在不在你身旁、重视你或忽略你，他们都在你的童年，通过言传身教，为你提供很多看待世界、认识世界的最初经验。经验决定了思想，思想会左右性格，性格则会谱写命运！同样的道理，无论现在，你爱不爱你的孩子、在不在他身旁、重视他或忽略他，现在的你，也通过言传身教，提供许多最初经验给你的孩子——你也正在谱写他们的命运！

所以，你看到了吗?

上一代传给你什么，你很可能会继续传给下一代。上一代传给你焦虑，你会不知不觉地把焦虑传给下一代；上一代传给你憎恨，你也会不由自主地把憎恨传给下一代。

如果你想改变这样的模式，你就要先从自我成长开始!

如果你愿意，你可以重新梳理自己的成长过程——你可以回顾父母如何对待童年及青少年的你；你也可以审视你与父母的关系，以及你对他们的感觉；你还可以觉察原生家庭的潜在规则，成员之间的责任与义务、角色及权利分配，男女性别的差异与互动模式等。

你将会慢慢发现，这一连串的事物是如何影响你、塑造今天的你。有一天，你必然会发现，你越来越有能力把所有负面的经验都交还给上一代，同时把所有正面的经验都传承下去。甚至，你自己拥有更多的能力，为下一代创造更丰富的经验。

在这篇文章结束前，我恳切地希望你再次深思：在你的生命里，你的父母曾经传承了什么给你？而你又打算传承什么给你的孩子？请你仔细思考，你可以从观察自己与孩子的互动模式开始思考，因为这将决定孩子的命运，也将决定你的命运！

我很爱他们，
但我被孤立了！

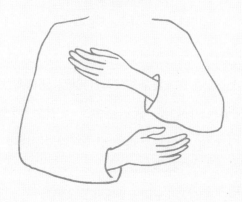

"为什么爸爸做了那么多坏事，
还是永远赢过我？
为什么他们永远都听爸爸的话？"

我很爱他们，但我被孤立了！

有一次，我在吉隆坡带领父母自我成长团体参加活动。那是由一群父母组成的团体，偶尔会邀请一些社会人士做演讲。

在提问环节，有一位看起来 40 多岁的妈妈提出一个问题："为什么我的大儿子不跟我说话？"

我问她："你的大儿子跟家里哪位长辈最像？"

这位妈妈回答："他的爸爸。"

我追问她："对于这个问题，你自己的答案是什么？"

她尴尬地回答："因为他不喜欢我，他的爸爸也是这样。"

我笑着说："你的回答很诚实，谢谢你。"

我想了想，决定做一个冒险。"你愿意站在台上，让我雕塑一幅家庭互动图吗？"

她点点头。

妈妈把怒气发泄到孩子身上，母子关系恶化

我请她在现场观众里，选出几名观众扮演孩子的爸爸、她的大儿子和小儿子。

她站在台上不久，我就对她说："你在家里，一定很寂寞。"

她泪眼蒙眬地问我："你怎么知道？"

我看到3位扮演家人的男孩不约而同地站在一起，就是不愿意站在这位母亲的身旁。我说："你看他们3位被选出来后，自然而然地站在一起。这样的情景或感觉，是不是令你很熟悉？"

我趁此机会与台下的观众分享。"各位，你们看到了吗？这3位家庭成员，他们联盟在一起，他们为了共同的目标，联盟而对抗。**如果你的家里有人联盟，那么一定会有人落单、被孤立，无论落单的人如何努力，都徒劳无功。**对吗，妈妈？"

妈妈使劲儿地点头，她的眼泪夺眶而出。

我站在妈妈的身旁，指着3位家庭成员，问她："发生了什么事情，导致他们不愿意和你站在一起？"

妈妈叹气说："太多事情了。"

我继续问："你印象中最深刻的事情是什么？"

妈妈说："我的丈夫，在我怀第2个孩子的时候，我亲眼看

见他与一个女人在大庭广众搂搂抱抱，非常亲密。"

我听得有些难为情，担心她讲下去会伤害更深，所以我不想再让她揭露家事。可是，她鼓起勇气，开诚布公地继续说："我当天回家就拿起藤条，鞭打我的大儿子。"

此时，扮演大儿子的男孩，立刻后退一步，他与妈妈的距离更远了。

我问她："你没有办法对抗你的丈夫，所以就把怒气发泄在孩子的身上，是吗？"

妈妈点点头，继续说："有时他们在睡觉，当我深夜里心情不好时，我会拉开他们的被子，用藤条打下去。"她指着那两个儿子。

两位扮演儿子的男孩听后，连忙躲到爸爸的身后；扮演爸爸的男士，也向他们张开双手。他们突然像玩起老鹰抓小鸡的游戏，而台下的观众哄堂大笑。

其实，如此真实的画面，也会发生在我们每个人的家庭。毕竟这些痛苦具有普遍性，多少会触碰观众的内心。

我看到台下的一些女观众，边笑边擦眼泪，仿佛她们的笑声在掩饰内心的不安与焦虑。

夫妻权力斗争，孩子受伤

我在台下邀请一位女士扮演这位妈妈，然后我让真实的妈妈站在旁边，观察这个模拟家庭的互动。

我请扮演妈妈的女士伸出右手，指向丈夫；然后，请她举起左手准备要打两个孩子。她配合得很好，她面目狰狞，好像随时巴掌就要打下去。此时，爸爸保护着两个孩子。

我让他们随意发挥、进行互动。不一会儿，形成一种画面——扮演妈妈的女士站上椅子，爸爸也立即站上椅子。夫妻二人都叉着腰，互相指责对方。大儿子在台上找不到第 3 把椅子，不过依然在爸爸身边挺直站立，继续和妈妈对抗；二儿子则躲在爸爸与哥哥的后面，仿佛这场内战与他无关。

我要他们停在这个画面里。

我回头，对站在我旁边的妈妈说："妈妈，你看到了什么？"

妈妈对我说："为什么爸爸做了那么多坏事，还是永远赢过我？为什么他们永远都听爸爸的话？"

"你要听听他们的答案吗？"我指着那两个孩子说。

她点点头。

我叫扮演妈妈的女士下来，要真实的妈妈站在椅子上。

我问二儿子："你现在的心情怎样？"

二儿子说:"为什么爸爸妈妈经常吵架? 我希望他们快点儿离婚。我不喜欢爸爸,也不喜欢妈妈。可是,妈妈比爸爸凶,所以我宁愿站在爸爸这里。"

我连忙对妈妈说:"妈妈,这些都是孩子真实的声音,你不要反驳,也不要排斥,静静地听清楚。这些声音都是难能可贵的,是我们在真实生活里听不到的,所以我希望你能够耐心倾听,不要回应。"

她点点头,表示愿意配合。

我看着大儿子,他对我说:"我其实也很可怜妈妈。可是,每当我想要接近她的时候,心里就会很不舒服,她好像想把我们每个人都推开。你看她的眼神,多么恐怖。"他指着站在椅子上的妈妈说道。

我点点头,然后走到爸爸的身旁。

扮演爸爸的男士则说:"其实,我现在很累。我站在椅子上,很怕跌倒,可是看到她站在椅子上的时候,我怎么可以输给她?"

我对台下的观众说:"爸爸分享得真好。**每位父母都怕输,尤其是在孩子的面前,父母都怕输给对方。所以,父母总会无意识地在孩子面前一争高低,尤其是不成熟的父母。**我们每个人都渴望被认同、被接纳、被爱、被尊重。一旦怕输的状态出现后，夫妻之间的权力斗争就展开了。"

我拿出一条绳子，请爸爸与妈妈各自握着绳子的一端，请两个儿子蹲在绳子下面。我吩咐爸爸与妈妈用力拉扯绳子，绝对不要输给对方。

看着这样的互动画面，我对观众说："在父母这样的权力斗争下，我们不知道伤害了多少个孩子；我们也不知道，世界上究竟有多少个孩子从小到大被当作出气筒、替罪羊。"

蹲在绳子下面的两个儿子频频点头。

我问观众："你们知道为什么这两个孩子愿意做出气筒、替罪羊吗？"

全场观众安静下来，认真地看着权力斗争的画面。

我回答："因为每个孩子的心里都希望爸爸爱他、妈妈也爱他，所以他愿意付出任何代价来换取爱。可是，一个心中没有爱的爸爸或妈妈，又怎么能把爱传递给孩子呢？"

愿你能付出爱，也能接受爱

我说完后，走向还站在椅子上的妈妈问："妈妈，你看到了什么？"

她委屈地说："我真的这么凶吗？我觉得我不是这样的。"她对于大儿子的回应仍然耿耿于怀。

我对她说:"你自己认为呢?"

她肯定地说:"我认为自己没有那么凶。"

我继续说:"好,那你在这里证明给我们看。"

她问我:"我该怎么证明?"

我对她说:"你从椅子上下来,然后站在这里,等你的大儿子靠近。当他靠近时,你不可以举起手打骂他,你要向大家证明你真的没有这么凶。"

我请大儿子慢慢地靠近妈妈。当他们越来越靠近的时候,我发现妈妈却在后退。

她说:"我的大儿子,他不会这么靠近我。"

我问她:"你的原生家庭有几个男性?"

她告诉我:"爸爸,还有两个哥哥。"

我问:"你与他们能够这么靠近吗?"

她回答:"我都不和他们说话。"

我说:"这就是你要努力和成长的地方!你要学习如何与自己的儿子亲近。以前你在成长过程中没有学到的,现在开始学,也不迟。很多时候,我们都习惯疏远,靠近时反而觉得不自在。难道你不想靠近你的大儿子吗?不然,你也不会来听这一场演讲,也不会举手问我关于你大儿子的问题了,对吗?"

我继续对观众说:"**关于爱与关心,我们无法强求别人付**

出或接受。当你看到你的孩子需要关心的时候，请你不要犹豫，伸出手去付出；当你看到你的孩子关心你的时候，不要推开他，请你伸出手去接受。你要明白，你无法要求你的孩子随时付出爱，或者接受你的爱，特别是在你最需要的时候。爱真的无法强求。爱是心甘情愿地付出与接受。当你明白这个道理后，你要多运用在你自己的身上，然后你就能够言传身教地告诉孩子：什么是爱、什么是关心。你不要用命令的语气告诉孩子他该怎样、不该怎样，那只会增加他对你的怨恨。我这样说，你能明白吗？"

我不知道她能听懂多少，不过，她很肯定地点头了。在进行一些对话后，我结束了与这位女士的互动。

一年后，我在吉隆坡办了几场演讲。其中一场演讲结束后，我为观众们签售。

这位女士带着她的儿子找我签名，说："以量，你还记得我吗？"

我说："我当然记得你。你的真诚，一直都给我留下深刻的印象。"

她向我介绍："这是我的大儿子。"

"哦，他这么大了。"眼前是一个10多岁的男孩，个子高瘦，戴着一副褐色框架的眼镜。这个男孩腼腆地对我说："老师，你可以在书里写几行字送给我吗？"

我拿着他那本《已亮的天空》，干脆地说："没问题！"

我写道：

愿你心中有爱，能够付出爱；

愿你心中无碍，能够接受爱；

好好爱爸爸，也爱妈妈，当然，也要爱你自己。

祝福你。

然后我写上他的名字，也签上自己的名字。他微笑地向我鞠躬，说："谢谢你。"

我站起来，拍拍他的肩膀，说："不客气。加油！"

他的妈妈也对着我微笑，话却不多说，似乎一切尽在不言中。然后，我停下来看着妈妈与大儿子慢慢离开礼堂，突然心想："咦，他的二儿子呢？怎么没有来？"后来我想："或许爸爸带他出去了，或许她根本没有二儿子。"

我不禁失笑，继续为在场的观众在新书上签名。

停止家人联盟，
重建幸福

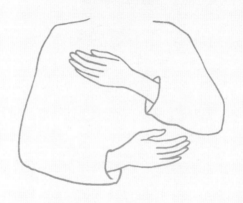

母女二人变成了同声同气的"连体婴儿"，
共同进退，偶尔用哄骗的方式来
拉拢大哥和大姐，以此证明爸爸是坏人。

停止家人联盟，重建幸福

　　我有一个家庭案例：爸爸婚外情，并主动向妈妈坦白；妈妈伤心欲绝，难以接受现实。爸爸每天往外跑，妈妈每天在家哭。两人都无心顾家。

　　貌合神离的夫妻关系，影响了每个孩子的言行举止。大哥把自己锁进卧室，似乎他的卧室才是他的家；大姐什么家事也不管，她像爸爸一样，每天往外跑。爸爸曾从夜店把她揪回家，并痛打一顿，大姐却顶撞爸妈说："你们都管不好你们自己，别来管我！"

　　家里只剩下小妹，唯一关心妈妈的孩子——她照顾妈妈、陪着妈妈哭泣，并和妈妈一起怨恨爸爸。这个家里的爸爸、大哥和大姐都各自为政，只有小妹与妈妈联盟。

妈妈最疼小妹，小妹也依赖妈妈。甚至，她们互换角色——小妹变成了"妈妈"，妈妈变成了"女儿"；母女二人变成了同声同气的"连体婴儿"，共同进退，偶尔用哄骗的方式来拉拢大哥和大姐，以此证明爸爸是坏人。

妈妈很想让每个孩子都怨恨爸爸，却只有小妹全盘接受，她才是妈妈心中的好孩子!

母女联盟，导致家庭破裂

有一次，小妹目睹爸爸痛打妈妈，她决定报警，举报爸爸家暴。事件揭发后，有人建议爸爸和妈妈前来接受心理咨询，而我正好负责这个家庭暴力案件。

前5次的心理咨询，我谨慎地处理他们的夫妻关系。我像一个技术师一样，修理好他们的天线和收听器，让他们讲出内心的感受、抚平心中的伤疤，以便他们彼此都能够感同身受。

第6次，我邀请他们全家一同前来进行心理咨询。3个孩子都很配合，全来了。我让爸爸先发言，让他引导这次的家庭座谈。爸爸说，他很想接近孩子。此时，小妹突然插嘴说："哼，他什么时候会这样? 他能这样做就好喽! 别相信他!"

小妹不停地攻击爸爸，而大哥和大姐虽然表面上不喜欢爸爸，但是没有小妹表现得那么强烈。

我请每个人都站起来，说："现在，我想邀请爸爸雕塑他心中的家庭状况，可能未必是你们看到的状况。你们允许爸爸说出他心中的家庭画面吗？你们允许他拥有这样的权利吗？"

我说这句话时，特别留意小妹的反应，因为我非常清楚爸爸在她心中的地位。小妹只是勉强地点点头。

我全程陪着爸爸完成这个家庭雕塑。首先，爸爸邀请妈妈站在中间，他让大女儿站在妈妈的后面，让大儿子站在室内的一个角落，然后再让小女儿站在妈妈的旁边。最后他自己站在门边，看着他的 4 位家人。

我问他："就是这样吗？你每次回家的时候，就是这种感觉吗？"

他对我点点头。

望着这个家庭雕塑，我停顿并思考了一下，然后问他："我可不可以再加些东西进去？"

他疑惑地问："加什么？"

我说："等我加完，你就知道了。可以吗？"

他点头表示同意。

我走向站在角落的大哥，给了他一把椅子，吩咐他坐下，望着窗外，不要看家人；我走向站在妈妈后面的大姐，吩咐她把双手伸出来，一只手指责妈妈，另一只手指责爸爸；接着，我走向站在妈妈旁边的小妹，吩咐她一只手搭着妈妈的肩膀，给妈妈支持，另一只手指责爸爸；同时我吩咐妈妈看着爸爸，她一只手握着小女儿的手，另一只手也指责爸爸。最后，我回到爸爸身边，吩咐他转身看着门口，不要看家人。

联盟瓦解，家庭关系重建

我对妈妈、大姐、大哥还有小妹说："这样的画面，你们是不是在家里也经常出现？" 4 个人不约而同地点头，望向窗外的大哥也忍不住回头看着我们，使劲儿地点头。

我看着爸爸，问他："你是不是也觉得是这样？"

他摇头，说："不是，我其实是望着家里的！"

我说："好，那你转过头来，看着他们。"

当爸爸转身，看着 4 位家人时，我感受得到，此刻这个家里所有人的伤口终于浮现了——妈妈在掉泪，大姐把双手放下，大哥回头望着爸爸。

我依然站在爸爸旁边，问他："你现在觉得如何？"

他叹气，看着 4 位家人说："为什么我们会变成这样？"

妈妈早已泪流满面。

我问爸爸："现在你想怎么做？"

爸爸试探地说："我想靠近他们一些。"

我说:"你要不要冒个险? 你可以在这里靠近他们。"

爸爸不假思索地说:"不可能的,他们那么讨厌我。"

我劝他:"你不试一试,怎么会知道?"

我转身问妈妈:"妈妈,你可以让爸爸靠近你一些吗?"

妈妈一边点头,一边流泪。妻子最渴望的就是丈夫靠近,她当然也因为这个家变成这样而感到遗憾。

我陪着爸爸走近妈妈,指引他慢慢地、一步一步地向前走去……

当爸爸走到妈妈面前时,爸爸张开了双臂,同时妈妈松开了小女儿的手,夫妻拥抱在一起!

一个痛打妻子的丈夫,竟然在这个时候拥抱了妻子,而妻子也拥抱了他……

这不是我预想的画面,可是,它竟然发生了。

爸爸在妈妈耳边低语。妈妈一边用力地点头,一边泪如雨下。

我不再打扰。

大哥已经转过身来,父母拥抱的一幕令他目瞪口呆;大姐则在静静地啜泣。3个孩子都目不转睛地看着紧紧相拥的父母。我猜想,自懂事以来,他们或许没有看过父母相爱的画面。

联盟后遗症，孩子受伤了

当所有人都沉浸在这温情的家庭画面时，站在一旁的小妹突然说："那我该怎么办? 这不是真的!"

我有些迷惑不解。不是每个孩子都爱父母，也希望父母相爱吗? 我不知道如何回应小妹。我听到她急切地说："我站在这里，我该怎么办? 妈妈，爸爸做了那么多坏事，你为什么还爱他? "最后，小妹接受不了，她迅速地打开门，"砰"的一声，她离开了。

我很难堪，即使后来邀请小妹回到咨询室，仍于事无补。我有些莫名其妙地结束了这次心理咨询。这次咨询的过程虽然趋近完美，但是仍然留有遗憾——这个家仿佛被画上了无法解开的毒咒。我无法让所有的家庭成员相亲相爱，和谐相处。

那一天，我百思不得其解：小妹到底怎么啦?

后来，虽然这对夫妻还是会发生口角，但关系融洽多了。丈夫开始懂得送花、送饰品、为妻子庆生，曾经僵持不下的夫妻关系缓和了。可是，家里的小妹却非常憎恨妈妈，她开始与妈妈冷战。在一次心理咨询中，小妹斥责妈妈："当初是你跟我说要一同背叛爸爸的。现在我恨透了爸爸，而你竟然要与爸爸和好如初? "

小妹咬牙切齿地说着，我终于听懂了她的想法……

停止联盟，即停止伤害孩子

读者们，你们知道"联盟"吗？联盟就是一些家庭成员组成小团体，联手对抗某个他们讨厌的家人，而且是持续对抗。

联盟的好处是什么？就是你能够在看法相同的家庭成员身上得到共鸣、安慰，还有支持。但联盟的坏处是，我们间接地教育孩子如何去憎恨家人，这必然对孩子的成长产生深远的、不好的影响。因此，我恳求你们停止在家里联盟。

请停止说服孩子相信他的爸爸或妈妈是个坏人。

请停止把你的受害情绪传递给孩子。

请停止让孩子作为夫妻之间的传话人。

请停止将你的原生父母教你的生存理念传递给孩子。如果你刻意地传递任何理念，不但对孩子没有帮助，反而是一种更深远的伤害！

就这个家庭而言，恨意不仅占据了小妹的心灵，而且影响了她的整个生活。这个家庭被另一场风浪淹没，幸福的港口变得似近似远……

在这个家庭里，小妹不但得不到幸福，反而受伤了……因为，联盟往往不允许背叛，背叛会带来更深的伤害。

各位父母，你们已经发现家庭联盟的因果关系了吗？你们还忍心把孩子当成联盟的工具吗？请你们三思。

从失落的关系里，
寻找自己

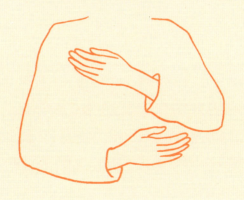

"你们这些不要丈夫的女人，都是怪怪的。"

这句话，让我有些不舒服。

从失落的关系里，寻找自己

爸爸去世后，13岁的我变成单亲家庭的孩子。妈妈除了养育我们，还要承担经济压力，犹如一根蜡烛两头烧。

生活在单亲家庭的孤独、叛逆及痛楚，依然历历在目。因为曾经深刻地感受单亲妈妈的悲伤及无助，所以我一直希望自己能为单亲妈妈排忧解难。荣获新加坡某家心理咨询中心的认可后，我被邀请带领单亲妈妈参加成长团体活动，为期6个月，我和20位单亲妈妈一同学习和成长。这些单亲妈妈之中，有一部分是遗孀，还有一部分则因婚姻破碎而离婚。

我依稀记得第一次带领成长团体的经历。一开场，好几位单亲妈妈便开始发问。我知道，她们是有备而来的：

"我的儿子不理我，我该怎么办？"

"是不是单亲家庭长大的孩子都会变坏？"

"我该如何告诉儿子'性'这件事？"

"是不是每个儿子都会讨厌妈妈？"

"女儿跟妈妈的关系又是怎样？"

…………

我鼓励她们，说："谢谢你们踊跃地发问。接下来，我会雕塑一个单亲家庭给你们看。希望你们继续分享，并与我保持积极的互动，这样特别好。"

坦白地说，我越来越享受工作坊过程中的未知探索；往往不只对参与者，包括我自己在内，也受益匪浅。每当单亲妈妈称呼我"老师"，我都会阻止她们，"请叫我以量，我不是老师。你们才是我的老师。"

母亲对父亲憎恨，毁掉孩子的幸福

单亲妈妈小燕，身材略胖，头发蓬松。她的分享，给我留下深刻的印象。

当年，小燕的丈夫为了另一个女人而丢下她和两个儿女。小燕无法承受背叛、抛弃的打击，心中充满挫败、羞愧，还有愤恨。她仿佛看透人生，伤心欲绝，找不到活下去的动力。

听到这里，我的心不禁颤抖。我想，小燕失去理智的原因，应该是她对丈夫沉重的报复心态——她要让丈夫一辈子都后悔!

小儿子哭着哀求妈妈:"妈妈，错的不是我们，是爸爸!"小儿子的话，犹如当头棒喝，小燕顿时醒悟过来。

在场的每一位成员都在全神贯注地聆听。小燕继续分享，她的大女儿今年15岁，小儿子11岁。大女儿像天使，暖心又乖巧;小儿子像魔鬼，脾气很像爸爸，他经常调皮捣蛋，让她非常操心。

有一天，小儿子对她大声怒吼:"你以为我很喜欢这个家吗? 如果我有能力，我早就不住在这里了!"

这句话深深伤害了小燕，因为她多年的付出是不被小儿子认可的。她一声不响，含泪跑出家门。小燕走到海边，听海浪的拍打声——那是安慰她最好的良药。

小儿子见她深夜不回家，连忙打电话给她，说:"妈妈，你快回来吧。对不起，我错了。"

有哪个孩子不爱自己的妈妈? 只是孩子不懂得如何表达爱，特别是当他缺爱的时候。

小燕说到这里，团体成员中不时传来哭泣声。我诚恳地邀请小燕和我一起站起来。我借由她的家庭故事，雕塑一个单亲家庭画面展示给在场的成员们。

单亲家庭中，缺席的父亲

小燕挑选了3位成员，分别扮演她的丈夫、大女儿和小儿子。我将不同颜色的布带交给他们，现在每个人手中都有3条布带。家庭成员之间相互牵连着，如此构成一幅家庭关系图。

我在旁叙述："这个家，不仅有4个人，而且有6种关系——1种夫妻关系、4种亲子关系（父子、父女、母子及母女关系），还有1种姐弟关系。简言之，家庭不仅有成员，还有关系。家庭成员之间的亲密关系，在现实生活中是无形的，而且变化无常。"

在场的有些妈妈听得懂，于是纷纷点头；有些妈妈听不懂，不过还是很努力地跟随我的脚步，继续聆听。

我继续说："单亲妈妈们，你们的家庭都有一个共同点，那就是家里的男主人，他缺席了……"

我吩咐爸爸放下他手里握住的3条布带，然后转身，站在门外，不要回头。这个家庭，当下没有了丈夫或父亲，使夫妻、父子、父女这3条关系线顿时断开了。

小燕声泪俱下，在场的一些单亲妈妈也开始落泪。小燕看了看手中的那条夫妻线，狠狠地把那条布带丢掉，说："我也不要了！"

我把它捡起来，还给她，"你不要吗？"

"我真的不要了。"小燕转身，不再看我。

我追问她："你现在心情如何？很生气吗？"

她回答："不是。"

我又问她："那是恨吗？"

"我不要了！"小燕痛哭流涕。

我允许她无法清楚地表达内心的感受，只愿她把深藏心底的委屈发泄出来，痛快地哭一场。我静静地站在她身旁，听她大声哭泣。

单亲妈妈走不出悲愤，孩子受伤害

几分钟后，我说："好，我听清楚了，你真的不要这段夫妻关系了。我现在去问问你大女儿的感受，可以吗？"

小燕点点头。

我问扮演大女儿的成员："你现在的心情怎样？"

大女儿说："与爸爸拉着的那条线，现在空空的，感觉好奇怪；与妈妈拉着的这条线，很紧，妈妈把我拉得很紧！"

我对在场所有的妈妈说："你们要听哦！这些都是孩子们重要的内心声音，也许就是你们的孩子不愿意说的话。大女儿说得很好，她跟爸爸的关系好像落空了，跟妈妈的关系却很紧张。"

然后，我跑去问扮演小儿子的成员："你现在的心情又如何？"

小儿子疑惑地说："是不是我不够乖，所以爸爸妈妈才会离婚？"

这个分享真好，许多婚姻破碎家庭中的孩子都可能会自责。

"我的家之所以变成这样，是不是因为我？"有的单亲家庭的孩子认为，自己是父母婚姻破碎的导火线，可他们并不知道，他们改变大人世界的能力是微乎其微的。这类孩子的自我价值观，或多或少都受到影响。

小燕一边哭泣，一边点头，她小声说："我的小儿子也曾这样问过我。"她对落在地上的那条夫妻线视而不见，只是紧紧地握住和儿女的关系线。

我说："看到这个家庭画面，你的心情怎样？"

小燕还是无法表达她的心情。不过，当我看到她在流泪、她把夫妻关系线一把丢掉，我当然能够理解她的心情，她一定既伤心又憎恨。

我问她："每当你有这种心情的时候，你都在家里做什么？"

小燕说："有时，我在家里抱着大女儿哭泣，我也会拿小儿子出气。"

小燕的眼泪说出了悲伤，藤条则道出了愤怒。她在大女儿面前流下眼泪，大女儿不断地吸收悲伤；她用藤条打在小儿子身上，小儿子则不断地吸收愤怒。结果，两个孩子在抚平自己失去爸爸的伤痛之余，还要活在妈妈的悲伤和愤怒的阴影之下。他们替妈妈打抱不平，一同指责爸爸。

单亲妈妈扮演双亲角色，全家痛苦

我吩咐姐弟俩用手指着站在远处的爸爸，也让小燕用手指着丈夫。小燕放开我的手，说："我不要！"她转身，不再看向丈夫。结果，这个家庭形成了另一种画面：两个孩子代替妈妈，指责爸爸。

我对成长团体的成员说："两个孩子代替妈妈骂爸爸，其实妈妈心里是暗自高兴的！"可是，这样对孩子不公平……孩子本来不应该承受妈妈的悲伤，更不应该承受妈妈对爸爸的恨意。对孩子来说，爸爸始终没有改变，他还是他们的爸爸。

我慎重地对团体成员说："做不成好夫妻，也要做好父母。"

小燕对我说："如果他什么都做不到呢？"

我说："如果他愿意，就让他继续扮演好父亲的角色；可是当他不愿意时，许多妈妈会把落空的父子、父女关系同时承担起来。结果，妈妈既是妈妈，又是爸爸。妈妈不但要在外面工作赚钱，而且要在家教育孩子，一根蜡烛两头烧。试问，哪个单亲妈妈能承受这样的煎熬？"

听完这段话，团体成员中很多单亲妈妈开始啜泣，似乎我戳中了她们内心的痛处。

社会目光，给单亲妈妈带来二次伤害

小燕继续说："其实，很多人都看不起单亲妈妈。"很多人对我说："你们这些不要丈夫的女人，都是怪怪的。"这句话，让我有些不舒服。

小燕哭了，不仅她哭了，而且团体成员里的许多单亲妈妈都哭了，她们不停地擦着自己的眼泪。

我说："我能感受你的悲伤，你能具体说说怎么回事吗？"

小燕说："很多人看不起我们，他们都说我们怪怪的。"

我问她："你怎样回应他们？"

小燕说："我会问他们'你为什么要这么说？'但我发现，我无法改变他们的想法。"

我鼓励她，说："你的分享真好。我可以在这里停一下吗？我有些话想对在场的妈妈们说，可以吗？"

小燕点头答应。

我站在团体成员中间，对每一位在场的单亲妈妈说："总有人影响你们的价值感。很多人都质疑你们，你们也一定听过类似打击的话。这些话语就像一把把锋利的刀，刺在你们的心上，导致你们也觉得自己很糟糕、很失败，渐渐地，你们的价值感就会越来越低……"

说到这里，几乎在场的每位单亲妈妈都在哭泣。

喜欢自己，减少负面情绪，提高自我价值感

可想而知，单亲妈妈的负担很重。她们在被丈夫伤害之后，还被自己的父母或手足、朋友或同事二次伤害。因此，我向在场的每位单亲妈妈强调："妈妈们，你要懂得爱惜自己、欣赏自己、尊重自己。你虽然无法要求每个人都尊重你，但是你尊重自己吗？当你每天早上起来，看着镜子里的自己，你喜欢自己吗？

有一位妈妈勇敢地举手。

我向她点头，说："很好！如果你喜欢自己，你的负面情绪就不会那么多，你的孩子也不会被你波动的情绪影响。如果你不把怒气强加在孩子身上，孩子就不会把他们的怒气转移到宠物或同学身上。我不敢保证你很快能提高价值感，可是，你至少要爱惜自己、欣赏自己、尊重自己。作为一个单亲妈妈，没有什么好羞愧的；相反，你应该为自己感到骄傲。我

很欣赏单亲妈妈一手把孩子抚养长大。我的妈妈就是这样，她不辞辛苦地把我养大，我对她感激不尽！所以，单亲妈妈们，请肯定你自己，相信你自己！"

小燕说："我不知道我能否做到。不过，我承认我之前的教育方式确实伤害了孩子。"

我点头肯定，说："是的。你要孩子替你感受悲伤，还有愤怒，这对孩子是不公平的。你在这里真诚地分享你的故事，恰当地处理你的愤怒和悲伤，你已经做得很好。"

小燕感动地说："谢谢你，我决定了，我以后会常来参加团体咨询的。希望你不要嫌我麻烦。"

我鼓励她："不会的。你要多加油。我相信大家都会继续支持你。"

最后，我邀请一些单亲妈妈自愿前来和小燕拥抱。结果，几乎所有的单亲妈妈都陆陆续续地上台，她们彼此拥抱，共同流泪、欢笑。

看到如此感动的画面，我不禁微笑，并在心里称赞自己，"以量，你真棒！"

那天，我们互动了3个小时。第一次的成长团体经历圆满结束。结束前，有位妈妈问我："听说你可以当工程师，为什么放弃了？"我想了想，微笑着对她说："如果我成为工程师，就没办法站在这里了。"单亲妈妈们听完，有的笑了，还有的为我鼓掌。

当天回家后，我不时地想起那位妈妈的问题。如果时光可以倒流，我会在成长团体里告诉单亲妈妈们："我妈妈本来希望我成为工程师，但是，如果她现在知道，我能为更多的单亲妈妈及孩子们做有益的事，她一定为我感到非常骄傲……"

是的，我的妈妈，她在某个远方，一定为我感到骄傲……

告别伤害，
还我力量与爱

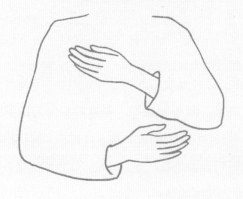

"你身后有你的父母，还有你所有的长辈，

他们都支持你、帮助你。

还有，最重要的是你自己。

你一路走来，不断地支持自己、帮助自己。

前面的路，它可能是坎坷的，也可能是平坦的……"

告别伤害，还我力量与爱

这一次，已经是我和20多位单亲妈妈第6次团体聚会了。每次的工作坊，我都和她们一同探索她们与孩子的互动关系，提高她们自尊自爱的价值观，让她们了解自己的原生家庭是如何影响夫妻关系、亲子关系。最重要的是，让她们感悟"父母是如何影响孩子的成长"。

今天，小燕看起来闷闷不乐的，不像前两次团体聚会那般神采飞扬。如同往常，我们围坐一圈，分享近期的生活点滴。一位单亲妈妈说："小燕，你今天看起来有心事。"头发蓬乱的小燕没说什么，只微微点头。其他单亲妈妈开始加入分享——酸甜苦辣、成长历程，她们讨论着各种话题，却没有人留意小燕的反常。

我静静地关注团体成员的互动，也不时地观察小燕的一举一动。大约 20 分钟后，小燕仍然只字未提，只是低着头叹气。于是，我向她提出邀请："小燕，我好像听到你在叹气？我不知道有没有听错。今天，我们都发言了，可是，这个房间好像还少了你的声音。你愿意分享最近的状况吗？"

小燕抬起头，忧郁地看着我："我该怎么说？"

以往小燕在团体里分享时，时而手舞足蹈，时而滔滔不绝，我从没见过她有这般回应。我对小燕说："你试试看。我愿意听。"

小燕说，她的 11 岁儿子又闹脾气了。昨晚，儿子用厚重的书包打姐姐，然后把一碗热汤倒向妈妈的双手，最后使尽全身力气，发疯似的把餐桌上的菜肴全推翻在地。面对儿子的行为，这位尽心尽力的单亲妈妈彻底失望了。

我问她："那你怎么应对他的无理取闹？"

小燕无奈地说："我只有打他，才能控制他。"

我听后，心里颤抖了一下，好像她的藤条也打在我的心上。

我开玩笑地说："你好像整个人也失控了……"

大家都失声笑了，除了我们两个人之外。我知道，小燕怒气冲天的时候，是一发不可收拾的。她十分茫然，不知所措。

我问大家："我们可以花些时间帮助小燕解决问题吗？"

大家点点头。

我又问小燕："你愿意在这里，探索你的原生家庭吗？"

小燕点点头。

妈妈深感内疚，影响孩子的行为

我请小燕站在中间，请她选择一位成员扮演她的父亲，并选择另一位成员扮演她的母亲。父母只需站在她背后，用手轻搭她的肩膀。他们一家三口都面向我。

我对她说："这样的关系，可以吗？你后面有爸爸和妈妈。"

她点点头，说："还可以。"

接着，我请扮演小燕父母的成员，各自挑选其他的成员，扮演他们的父母。同样，每位成员的父母也在孩子的背后用手搭上肩膀，于是，一家三代 7 个人都面向我。然后被挑选的每位长辈再各自寻找两个人，扮演他们的父母，每对父母的手都搭着孩子的肩膀，最后在场所有的成员组成一支至少有三四代的长辈群。

我对小燕说："小燕，如果你准备好，请你走向前，然后转身，看一看你身后的人。"小燕转身一看，站在她身后的全是她的长辈。那里有她的父母、祖父母、外祖父母，一代又一代的长辈，站在她的面前。

她目不转睛地看着那个画面。

我问她："你觉得怎样？"

她没说话，只是像个小女孩一样，大声哭泣着。我允许她尽情地哭泣，安静地看着她站在所有长辈面前哭泣，不打扰她。我希望她把内心的郁闷、委屈都发泄出来，即使我不知道她哭泣的原因。

过了 5 分钟，她稍微平静后，我问她："小燕，我们还可以继续吗？"

小燕抹掉眼泪，看着我说："可以。"

我指着胸口的位置，问她："你能说出你的感受吗？"

她大声说："我很想念妈妈！"说完这句话，她继续放声哭泣。此时，有的长辈也跟着流泪。

我问她："妈妈发生了什么事情？"

她伤心地说："妈妈去世了。她去世前，还坚持要来我家看我。"

我听出小燕的声音中饱含内疚感。

她接着说："那时候，因为夫妻关系出现问题，我的情绪很低落。我妈妈很担心我，即使她病得很重，也坚持要来我家照顾我。"

听到这里，再一次证明我对小燕的儿子出现偏差行为的假设是对的。

这个世界上没有坏小孩，只有受伤的小孩。小孩出现的非理性行为，或多或少都是从父母身上学来的。爸爸如何对待妈妈，孩子就会以同样的方式表现出来，以此对待他不喜欢的人，甚至用变本加厉的方式。

我知道，伤心欲绝的小燕，无法听进去这些理论。因此，我继续问："你是不是每一次想起妈妈，都会觉得很内疚？"

小燕用力地点头。

我邀请她站在妈妈的面前，问她："你有什么话要对妈妈说吗？"

小燕想了很久，终于说出一句："妈妈，对不起！"

扮演小燕妈妈的成员主动拉起小燕的双手，表示给她支持。

小燕大声地再说一次："妈妈，对不起！"

她们俩的手握得更紧了。

内疚化为感谢，生活才有动力

我请小燕走出来，并邀请一名女士扮演她。然后，我让小燕扮演妈妈，做角色互换。

我吩咐扮演小燕的女士说："妈妈，对不起！"并请她不断地重复这句话。

我对着正在扮演妈妈的小燕问："妈妈，你听到了吗？你的女儿小燕一直觉得她对不起你、亏欠你。小燕一直很用心地照顾自己和孩子，可是她还是没有办法管理好这个家庭，她总是觉得辜负了你。当她想念你的时候，她总是躲在家里暗自哭泣；当她看到孩子，特别是她的小儿子叛逆的时候，会更加内疚。小燕的妈妈，你有什么话要对小燕说吗？"

小燕聚精会神地听着我说的每一句话，她思考了很久，眼球开始缓慢转动。我知道她的内心酝酿着答案，她一直是个努力成长的人。我等她自己找到答案。

小燕一边抚摸"小燕扮演者"的秀发，一边说："你不用说'对不起'。你一直都很努力，不需要说'对不起'。妈妈也不想看到你这么伤心。"

小燕扮演者也被感动了，她不知不觉地哭了出来。

我说："现在我们将角色互换回来。"我请小燕扮演者回到原位，再请小燕继续站在所有长辈的面前。我说："小燕，请你继续看着这个画面。"

小燕很认真地看着。

我说："你听到妈妈对你说什么了吗？"

小燕很平静地说："妈妈对我说不要难过，她叫我不要难过。"

我听到小燕的回答，很感动。我说："对，就是这样。妈妈不要你难过。你难过的时候，没有笑容，整个家里的气氛都是紧张的、沉重的。试问，哪个孩子愿意生活在这样的家庭？"

我一直深信：父母营造的家庭氛围，可以影响一个孩子的性格。

我说："小燕，妈妈叫你不要难过，你知道吗？"

小燕点点头，说："嗯。我知道了。"

我继续说："小燕，你可不可以给你的妈妈，还有她后面的长辈鞠一个躬？你应该感谢他们。谢谢他们给予你生命，把你带到这个世界，感受苦与乐。"

小燕点头说："当然可以。"

我请妈妈，还有所有长辈闭上眼睛，接受小燕对他们的致敬。当小燕鞠躬时，我观察到一些长辈默默地流下了眼泪。

有哪一位长辈不渴望后辈尊敬？就像小燕一样，她也渴望儿子尊敬她。所以，我希望她先体验如何尊敬自己的长辈。

为什么我的儿子越来越像他爸爸？

我对着小燕说："那么爸爸呢？你要给爸爸鞠一个躬吗？"

她立刻摇头说："我不要！"

我感觉到小燕心中有一股强烈的怒气。

我追问她："为什么？"

她生气地说："因为他是一个坏男人！我不要！"

小燕的回答，让我想起第一次在工作坊见到她，她把那一条代表夫妻关系线的布条丢在地上时，也是这样说的："我不要！我不要了！"

一个是她的丈夫，一个则是她的父亲，在她看来，两个人都是坏男人。所以，我不出意外地看到她的儿子变成了她眼中的"另一个坏男人"。

她每一次分享时都说："我的儿子，越来越像他的爸爸。"显而易见，小燕把自己的儿子当作新一代的坏男人了。

这一次，我不再沉默。我希望小燕正视她生命中两个重要的男人。我请两位成员分别扮演她的丈夫和父亲，并站在她的面前。

只见她使劲儿地摇头，大声地喊道："请你们走开！"她用命令的语气吩咐我不要再继续，我当然没有照做。

我问她："小燕，你在生气什么？"

小燕就像一个法官，斩钉截铁地指着父亲和丈夫说："都是因为这两个男人，害我们变成了这样！"

我说："嗯，我听到了。小燕，你在生气什么？"

小燕说："这些男人是坏男人！"

我安慰她："嗯，我也听到了。那么，你还在生气什么？"

小燕说："他们根本没有一点儿责任心。"

我看着气愤的她，请另一位成员扮演她的儿子。然后，我请这个儿子站在父亲和外公的中间。

我问小燕："小燕，当你看到你儿子的时候，你会不会常常想到这两个男人？"

小燕说："会。我常常在想，为什么我的儿子越来越像他的爸爸？"

我继续说："所以，你是否把你对他们的怒气都转移到儿子身上？其实，你最想鞭打的不是你的儿子，而是你的丈夫，还有你的父亲。你不希望儿子成为你人生中的第 3 次失望，因此，你对儿子的要求特别高，是不是？"

小燕一时语塞了。面对如此尖锐的问题，她无法立即回答。她也知道，自己不能再逃避我给她的挑战。

把伤害还回去，才能找回力量和爱

我们看着彼此。我问她："你和儿子现在的问题，是不是主要受到你和这两个男人的关系影响？"

小燕若有所思，她问我："那我该怎么做？"

我对小燕说："你可以向他们鞠躬。感谢他们出现在你的生命里，让你活得这么痛苦，却又不断提供机会让你成长。"

小燕苦笑。

我对她说："我和你一同给他们鞠一个躬，好吗？"

小燕鼓起勇气，说："我试试看。"

我站在她的身边，说："来，我们一同感谢他们出现在你的生命里。鞠躬的时候，请你在心里默念：**现在我把你们曾经给我的伤害，全部还给你们，也希望你们把我心中的力量和爱还给我。**"

小燕说："这句太长了，你再说一次。"

我说："没关系。我们一同鞠躬，我大声念给你听。"

我和小燕一同向这两个男人鞠躬，与此同时，我慢慢地说出："现在我把你们曾经给我的伤害，全部还给你们，也希望你们把我心中的力量和爱还给我。"

小燕鞠躬后，我问她："你感觉如何？"

她说："很奇怪，感觉很好。"

小燕是个心直口快的人，后面的长辈也哑然失笑。

我笑着对她说："要不要再来一次？"

她说："可以。"

我说："现在，你不仅要向这两个男人鞠躬，而且要向身后所有长辈鞠躬，可以吗? 你要感谢他们给你一个特别的生命。"

她点点头。

我说:"这一次鞠躬，就只有你自己完成喽! "

她又点点头。

我看着她慢慢地把腰弯下来，给大家深深地鞠一个躬。我知道她心里也同时默念着那一段话。

当小燕站直之后，有的长辈忍不住鼓掌，还有的长辈则流下激动的眼泪。我看到她的脸上尽是平静。我不再询问她的感受，因为我知道她已感受到与父母及长辈联结后带来的平静。

相信自己有不断成长的力量

我对小燕说:"结束之前，你还有什么话要说吗? "

小燕看着我，"谢谢你，以量。谢谢你，你真是我的贵人。"

我对她说:"哪里，哪里! 你才是自己的贵人。"

我思考片刻，说:"我要做最后一件事情，可以吗? "

她说:"可以。"

我请一个人扮演她的小儿子，又请一个人扮演她的大女儿，我让他们一起牵着小燕的手。然后，我邀请在场的每一位成员都扮演小燕的家人，所有人都面向我。

　　我对小燕说："小燕，你身后有你的父母，还有你所有的长辈，他们都支持你、帮助你。还有，最重要的是你自己。你一路走来，不断地支持自己、帮助自己。前面的路，它可能是坎坷的，也可能是平坦的。你相信你可以义无反顾地走下去吗？"

　　小燕看看身后，所有长辈都对她微笑，她摇了摇两个孩子的手。她坚定地看着我，说："我希望我可以。"

　　我说："我问你相不相信，不是问你希不希望。"

　　大家都笑了。

　　她笑着对我说："嗯。我相信我可以。"

　　我鼓励她："你可以再大声一点儿吗？"

　　她再说一次："嗯。我相信我可以。"

　　我满意地说："嗯，很好。我们就到这里结束喽！"

　　小燕激动地说："好的。谢谢大家，谢谢以量。"

　　所有单亲妈妈陆续地走向前和小燕拥抱，仿佛每一位单亲妈妈都上了一堂宝贵的人生课。

　　课程结束之后，我看到小燕11岁的儿子，他站在门口等着小燕。我感受到儿子对妈妈的关心。小燕一看到儿子，就走上前去，她很用力地拥抱儿子，然后和儿子说了些什么。我站得太远，没有听到。

　　他们离开的时候，小燕回头向我挥手，也叫他的儿子向我挥手。我也向他们微笑，挥手。他的儿子是一个很可爱的小男孩，看起来一点儿也不像猛兽。

　　让我们一同祝福小燕，还有她的孩子，也祝福所有单亲妈妈，还有她们的孩子。祝愿你们在不断成长的同时，也帮助孩子们健康成长。

11

停止原生家庭的
伤害

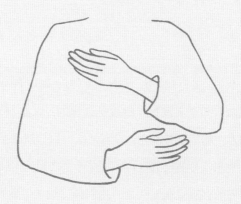

"即使当初的伤害令你受伤，
它也在不断地磨炼你。
一旦你能感受伤害背后带来的礼物，
你的心中必会充满无限感激。"

停止原生家庭的伤害

有一本书，名为《别哭，泥娃娃》(*The Mud People*)。这本书虽然很薄，却意义深远。故事是这样的：在森林黑暗深处，住着一群人。那里没有阳光，没有河流。因为缺乏水源，他们只能用泥浆来洗刷自己的身体。泥浆干了之后，皮肤表层就形成一层干硬的泥垢。久而久之，他们都变成了乌黑的泥人，家家户户都是泥人。他们都觉得皮肤上有泥浆、有泥垢才是正常的，仿佛早已忘记身体的正常肤色。

有一个泥娃娃，名叫凯拉。和所有泥人一样，她的身上也覆盖着一层层干硬的泥垢。她不习惯皮肤上覆盖着泥垢，想要洗掉它，因此，她拒绝再用泥浆洗刷身体，她很想改变。她不用泥浆洗澡后，遭到家人极力反对。为此，她迷惑不解。在妈妈的劝说之下，她还是会听话，继续用泥浆洗刷身体。

有一次，她发现黑暗森林之外，有一条清澈的小河。但是，父母在她很小的时候就叮咛说：那是泥人家族的禁地。那里闪耀的阳光会把泥人烧焦，清澈的水流会让泥人溶化，所以，泥娃娃经常躲在黑暗森林里，遥望小河、阳光、小鸟、树木。

凯拉和其他泥人不同，她不愿永远退缩忍耐，她渴望除去身上的泥浆，得到完全的洁净，于是她勇敢地开始河流的旅行。结果，一幕又一幕的生命成长故事由此展开了……

这是作者兰妮·麦坎纳·马克（Laney Mackenna Mark）以自己在家庭里受虐的遭遇，写出的关于身心康复的寓言故事。她以"泥人家族"比喻不健全的家庭；又以层层覆满身体的泥浆，比喻她经历的种种伤害与被病态的对待。她借由泥人女儿凯拉的一次神秘之河旅程，将生命中的事件再次重现，重新审视施虐者与受虐者的心灵，进而从自我憎恨的乌云里走出来，释放自己，也原谅他人。

读这本书的时候，我想起一位女士。我想起她在原生家庭里的受虐经历，以及她如何从泥人家族里走出来，又如何让自己重新构建另一个泥人家族，以致将伤害传给一代又一代，然后自怨、自艾、自怜。

成长的第一步，有说出来的勇气

我在一次三天两夜的生活营里与她相识。30多岁的她，个子矮小，身材略胖，说话声音很小。沉默的她，上课时独来独往。大部分的团体成员似乎都忽视她的存在。

最后一个晚上，课程结束后，她邀请我和她谈话。虽然我已经很累了，但是看到她急迫的眼神，我不忍心拒绝。何况，一个沉默寡言的女成员，竟然鼓起勇气要与我谈话，她的心中必然历经了苦苦挣扎……

为了不打扰其他成员休息，我们在一个离营地不远的小亭子里坐下。深夜里，陪伴我们的是微亮泛黄的街灯，还有不间断的虫鸣声。

坐在小石凳上，我问她："你有什么事情要和我说吗？"

她低声说："有。"

我猜想着，说："看来，这件事一定困扰你很久了。"

她还没说，眼泪就掉下来了。

我的直觉告诉我：那是一个内心深处的秘密。我问她："你有没有跟其他人说过这件事？"

她说："没有。"

我继续问："你隐藏这件事多久了？为什么无人可说？"

她说:"这件事在我很小的时候就发生了。"

我有些惊讶地问:"竟然没有一个人可以听你说出来?"

她说:"我不知道该怎么说,也不知道说了之后,别人怎么看待我。"

我问她:"如果你说了之后,会担心我看轻你吗?"

她说:"有一点儿担心。"

我有些好奇地问:"嗯,那你为什么打算说给我听?"

她说:"因为我不想再这样了。我不希望我的生命受尽侮辱……"

说到"侮辱"二字的时候,她哭了。

"嗯,看起来是有一个人,或者一些人一直在你的生命中侮辱你。是这样吗?"我问。

她点点头,试图平复自己的心情。可是,她的心情不可能完全平复。一个人长期被压抑、隐藏的秘密,一旦找到宣泄的出口,那些复杂的负面情绪就会排山倒海般涌出来。

她泪如泉涌。而我也始终相信:流下眼泪,就是开始洗涤心灵的"泥垢"的方法之一。

我对她说:"你愿意告诉我吗?我很乐意与你走一小段你的人生旅程。"

那是一个有关家庭性侵害的故事。她的心中深藏这个秘密,从未找到出口。今晚，她决定通过我，把它说出来。她要成长，就像泥娃娃凯拉一样。成长的第一步是：需要有说出来的勇气。

她做到了。

接下来的对话，她是在抽泣之下完成的——她泣不成声，情绪非常激动。

剥开心灵的层层泥垢，重塑自我

酗酒的爸爸对她性侵。她伤心地把遭遇告诉妈妈，却换来妈妈的一顿殴打。那是她第一次被爸爸性侵之后，被妈妈再次侮辱的经历。

年幼的她完全不知道性侵是怎么回事，她只是哭个不停。她的姐姐一边哭，一边抱着她。我并不惊讶，她的姐姐也经历了同样的遭遇。

她没有任何反抗能力。一次又一次的性侵害，就像一层又一层覆盖的泥垢，完全摧毁了她生命的自我价值感。

终于，姐姐离家出走，想带着她一起离开。然而，曾经一度离开这个家的她，担心妈妈不可以没有她，也拒不了妈妈的哀求，于是，她重回泥人家庭，继续做泥人女儿，让泥垢侮辱身心、践踏生命……

中学时期的她，刻意地把身体弄得又胖又丑，有时她还会用刀子一下一下地伤害自己的身体。

听到这里，我望着她，心如刀割。

到底是怎样的父母，会让这种事情发生？到底这些父母以前的原生家庭是怎样的？又是怎样伤害他们的？

在我们的社会里，到底有多少泥人家族，不断地伤害他们的孩子，强迫孩子变成泥人？在黑暗森林里的泥人家族，每一个成员都在彼此伤害吗？难道在他们的家庭里，"家庭伤害"是正常的？

我心里有很多问题盘旋着，可是，我必须先把它们放在一旁。我知道眼前泣不成声的她，需要大量的支持和关爱。

我感谢她说出心中压抑已久、羞耻感的真实故事。她边说边哭，哭到缺氧、头晕。我叮咛她："深呼吸……深呼吸……很好。"

剥开第一层的泥垢是最困难的。这是我能够理解，也能够体谅的。童年创伤就像一个高压的焖烧锅，痛苦长年累月不断被压抑。一旦找到出口，痛苦就会争先恐后地释放出来，而空气释放的一刹那，具有强大的爆发力！

当她情绪稍微平复后，我问她："你说完了之后，感觉怎样？"

她说："我很讨厌自己！"

我允许她这样说，我既不反对，也不赞同。我知道她必须把藏在内心深处多年的秘密说出来，才有可能继续改变。

我问："谢谢你这么诚实地告诉我。你有这种想法多久了？"

纸巾用完了，她依然用手擦着流不完的眼泪，说："很久了。"

我继续问："嗯，你现在和我对话的时候，说着这些往事，你还会很讨厌自己吗？"

她回答："还会，但比之前好多了。"

我说："你怎么做到的？"

她告诉我："我不断阅读，提升自己。我阅读你们这些心理咨询师写的文章，我意识到我不是世界上唯一一个可怜的人。"

我有些欣慰，说："嗯，很好，这很好。你结婚了吗？"

她回答："嗯，我结婚了。"

我猜想："在原生家庭里发生的事情，也影响你现在的家庭了，对吗？"

"嗯。"她又开始哭了，"我的丈夫不爱我，他经常打我。我们有孩子，但孩子不听话。"

不知道为什么，泥人女孩通常会吸引另一个泥人男孩。然后，他们把泥浆传给一代又一代。

为了阻止这些代代相传的伤害继续发生，我常鼓励愿意成长的父母们不断改变自己、肯定自己、爱惜自己。

向光前行，终将走出黑暗

我知道她没有办法说服她的丈夫一同前来咨询，因此，我无法改变她丈夫的想法，我只能把重点放在她的身上。

我问她："这样来看，不仅是上一代的事情，而且涉及这一代，还有下一代。"

她点点头。

我继续问："你打算怎么办？"

她说："所以，我才要找你谈啊！我早已束手无策，总是闷闷不乐的。"

我说："你真的要听我的答案吗？"

她说："是的，你说的，我都会听。"

我笑着说："我说的话，你都会遵循吗？"

她思考片刻，说："我不知道，但至少我会尝试。"

通过这几年的演讲与工作坊经验，我发现，那些前来咨询的父母最大的通病就是他们希望学到一些改善亲子关系的技巧，以及掌握一些让孩子听话的方法。但是，他们完全忘记经营自己的家庭，也没有关注夫妻彼此的原生家庭的经历。一旦发生问题，他们就会归因育儿技巧不足、方法不好，他们这样的想法是完全行不通的。

我们应该更加重视一个家庭背后的文化、潜在的规则、家庭氛围、成员互动关系以及家族的经历，还有孩子的成长过程、自我价值感。这些因素都要包括在内。因此，改善亲子关系的技巧或方法，并不是主要因素。

我问她一个看似不相关的问题。我用食指指向小亭子前方的马路，问道："你看到了什么？"

虽然她不知道我的动机，但是依然很配合，她说："漆黑一片，我什么都看不到。"

我继续用食指指向前方的马路，与她确认："你真的只看到漆黑一片？"

她肯定地说："是的，我看到的就是漆黑一片。"

我说："我看到的不是这样。"

她惊讶地问我："你看到了什么？"

我对她说："我除了看到漆黑的夜晚，还看到一排正在发着微亮泛黄光的街灯。那些光，足够照亮我们，让我们能够坐在这里畅谈你的故事。我还听到那些不间断的虫鸣声。很多时候，这些虫鸣声有安抚焦虑的作用。此外，我也知道这一条马路是通向海边的道路。如果我愿意继续前行，我就可以看到宽阔的大海，也可以听到海浪声。"

她点点头。

我继续说："如果明早我再来这个地方，那么眼前的景象就会截然不同，我将会看到一个太阳高照的亭子。同样的空间，会因不同的时间而改变我对它的看法。"

我说完，问她："你同意我说的吗？"

她怔住了。

我继续问她："你现在看到了什么？"

她望着前方说："我好像不再只看到漆黑的夜晚而已，之前我真的没有察觉到这里有六七个街灯。"

我再问："不只看到漆黑的夜晚，你感觉如何？"

她说："好像空间大了、想法宽了，想象的空间也丰富多了。"

我很开心，她明白我在暗示什么。

我继续向她解释："我其实是用此时此刻的大自然资源来形容你的内心。看起来，你的内心漆黑一片。不过，你已经拥有一些光亮，足够让你生存下来。你要知道，你能够活着，并非易事，是值得骄傲的。多年的煎熬之下，你仍然坚强地活着，令人敬佩不已！如果你愿意继续前行，终将走出黑暗，甚至可以看到更宽阔的世界。你相信吗？如果你愿意继续成长，你便会发现——即使当初的伤害令你受伤，它也在不断地磨炼你。一旦你能感受伤害背后带来的礼物，你的心中必会充满无限感激。"

听了我的解释后，她说："是的，这种感觉真好。"

我问："现在你有什么感觉？"

她轻松地说："哭完之后，听了你说的这番话，我心中豁然开朗。"

我连忙回应："是的，**你要相信自己是值得被尊重的、被爱的。其实最重要的是你自己，你必须学会尊重自己、爱惜自己。**这才是你生命中最应该学习的。你同意吗？"

她点点头，说："好的，我回去好好想一想。"

我说："这就对了。想要成长的话，你必须先调整好你的频率、心态和价值观。至于技巧或者方法，你慢慢学，不必着急。"

接着我说："好啦，我累啦。我们的对话可以停在这里吗？"

她连忙说："抱歉！我占用你太多时间了。"

我笑着说："没关系，如果我能够帮助你，也算做了一件善事。"

她回应说："谢谢你，以量。下次你再来，我请你吃饭。"

我说："不用啦！希望下次我再来这里的时候，看到一个更愿意肯定自己的你。这条道路不容易行走，你要慢慢走。你难过的时候，我一定会给你祝福。你要记得今天晚上我们的这番对话。"

她点点头，连忙向我道谢。

当我邀请她一同回去时，她说："你先回去吧，我想到海边走一走。"

我说："好，你自己小心。我们明天早上见。"

我看着她穿过马路，走在沙滩上，慢慢消失在我的视线里。虽然很累，不过我心里很感动，同时感恩自己能够成为一个助人者。

泥娃娃，你比谁都清楚：那一层又一层的泥垢不是轻而易举就能洗掉。不过你要相信，无论如何，你的生命是值得拥有爱、希望和光亮的。

但愿所有泥娃娃都能够找到洗涤自己身心泥垢的一片宽阔大海。

祝福你，泥娃娃。深深地祝福你。

没有坏小孩，
只有受伤的小孩

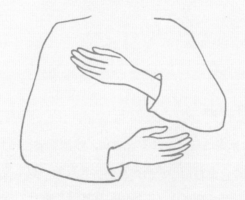

他们夫妻剩下的共同话题，就只有小康了。

如果小康没有问题，他们就不会再沟通，

所以小康一定要有问题，否则家就变成一个空壳子了。

没有坏小孩，只有受伤的小孩

我不是坏小孩

他是家中的独子，13岁青少年，体型肥胖。他行为叛逆，偷窃、旷课，老师们三番两次地向学校反映。校方要求妈妈必须带孩子接受心理咨询，不然他们打算劝他退学。于是，30多岁的妈妈带他接受咨询。

起初，我先与妈妈在咨询室内交谈。精疲力竭的妈妈哭诉着："我累了，希望你可以把我的孩子教育好。"

我告诉妈妈："我没办法教育你的孩子。但是，我可以帮你维系你们的母子关系。"

我相信这世上没有坏小孩，只有受伤的小孩。

透过窗户，我看见这个小男孩不停地在门外敲门、敲玻璃窗、开关门。妈妈埋怨道："他一刻都停不下来。我不知道该怎样教育他。"然而，我感受到的，却是小男孩心中的焦虑——他可能担心妈妈在我面前讲他的坏话。

30分钟后，轮到这位"小魔王"与我交谈。我问他："你猜猜，我刚才和你的妈妈谈些什么？"

他玩弄着手指、摩擦着脚、眼睛望着地上，摇摇头说："不知道。"他以为我是法官，可以判定他的生死，所以完全封闭内心。

他拼命说着"不知道"，这是最能保护自己的答案。他的这类雕虫小技，早就被我看穿。我岂能轻易放弃？于是我继续追问："你猜猜看呢？"

"我不知道。"他一边用胆怯而颤抖的声音回答，一边偷瞄了我。小男孩的两次回答，使我感受不到任何敌意。我眼前这个双眼晶莹剔透的小男孩，如此可爱又乖巧，怎么可能是老师心目中的"小魔王"、父母眼中无可救药的坏男孩呢？他，激起了我的好奇心。

每当咨询者第一次来进行心理咨询时，我都会简单地做介绍，包括自我介绍、咨询中心介绍、服务范围介绍，等等。

我先说："我叫以量——可以的以，力量的量。你呢？"

"我叫小康——小康之家的小康。"我喜欢他如此潇洒的回应。

我直接问他："你知道你今天来这里，是为什么吗？"

他脱口而出："知道。来心理咨询喽！"

"你愿意吗？"我问。

"不愿意。"他连连摇头。

"要是我的话，我也不愿意，似乎被人认为自己有问题。我也不喜欢这样的感觉。"我暗暗地想。

我试图与他建立初步的联结，并且让他说出内心真实的想法。我要在咨询开始的这一刻，让他知道我并不是来给他定罪的。他似乎也意识到，我确实不是他眼里的校长、教导主任或者爸爸。我只是一名心理咨询师，一个想陪伴他渡过难关的人。

我婉转地把话题拉回开场的问题。我再次问他："那么，你猜刚才我和你妈妈谈了些什么？"

"你们肯定在说我坏话喽！"他开始愿意与我说话了，"说我在学校的行为很过分、很不听话。"他无奈地看着我。

我拍拍他的肩膀，说："嗯。谢谢你告诉我这些，我知道你说出来并不容易。"当然，哪一个小男孩愿意在外人面前赤裸裸地揭开他的疮疤呢？

心理咨询室里的空气仿佛静止了。

"嗯，告诉我，你真是个坏小孩吗？"我望着他那双明亮的眼睛。

他连忙摇头。

"可以告诉我，发生什么事，让你这样做了？"我耐心地问他。

他打开了话匣子。一个纯真、无攻击性的小男孩，开始毫无保留地让我走进他的内心世界。他的世界被父母、老师安排得井井有条，他的生活字典里只有"服从"两个字。从童年到现在，家人们都外出工作，他唯有在家里看着窗外发呆，那是他长期拥有的安静时光。

近来，他在学校频频生事——殴打同学、顶撞老师、拒绝被老师惩罚、逃学；在家里，他也经常顶撞妈妈，大吵大闹，唯有爸爸能够控制他。

一天下午，当他望着天空发呆时，妈妈责骂道："你还在那边做什么？还不快点儿给我读书！"他不知从哪儿来的力量，火冒三丈、发起了疯。他打开窗户，站上窗框。他一边嘶喊，一边威胁妈妈说："你再吵，我就跳下去！"

说到这里，小康的呼吸声变得急促。我看着坐在我面前的他，一个仅有 13 岁的小孩，他的未来，实在令我担忧不已！

尊重孩子，让孩子对自己的生命负责

还记得我们第一次在心理咨询室见面时，他低下头轻声地告诉我"我很想死"，我不禁心痛不已。这样的一句话，怎该从一个 13 岁的男孩口中说出？

一个小小的心灵，竟有如此沉重的心情，显然小康似乎已经被父母和师长定罪——他永远是个坏小孩！哪怕他使出浑身解数、努力改变，只要稍有差错，他就会再次失去人们对他的信任。既然他难以翻身，又何必苦苦挣扎？

他一脸苦涩地说："我晚上会失眠。"

我问他："你的爸爸妈妈知道吗？"

他回答："不知道。"

我追问："失眠的时候，你会做什么？"

他回答："很多时候我会发呆。"

我问他："然后呢？"

他想了想，说："我尽量往好的方面想，不想坏的方面。"沉稳的语气里间接透露了他早熟的思维，那不像是一个 13 岁男孩该有的想法。

他又说："可是，我有时候洗个澡就没事了。"

我点点头以示认同，我还是比较喜欢这样稚气的回答。

我问他："刚才你在不停地敲门、开关门的时候，你看到妈妈的眼睛红了吗？"

他不好意思地点点头。

我进一步问他："你猜，她为什么会哭？"

"因为我。"他的头再次低下来，仿佛又做错事了。

"嗯，是的，妈妈受伤了。就像你一样，她也很伤心。而且，她更担心你会想不开。你要继续这样吗？"

他摇摇头。

我试探地问他："那么，你想怎样改变？"

他叹了一口气，说："我要听话、不顶嘴、不打架。"小男孩不假思索地说出来，仿佛早已烂熟于心。我更相信他刚才的叹气，那才是最接近他内心的声音。

我没有称赞他，反而拆穿他，说："你真的可以做到吗？"

他回答："要给我一点儿时间。"

我又问："要多久？"

他重复说："一点儿时间就可以。"

我突然觉得这个孩子的谈判能力不逊色于成年人。他懂得讨价还价，这是不寻常的。当然，这只是我们的第一次咨询，我尽量营造轻松的谈话氛围，于是，我不再继续追问这个问题。

我问他："你的改变是为了谁呢？"

他回答："妈妈。"

我认真地问："你真的以为妈妈可以让你改变吗？"

他沉默地看着我，有些不知所措。

我试探地问："你可不可以为自己改变？"

无论我的个案是成年人还是孩子，我都会告诉他们：你们要为自己的生命负责，只有这样，你们的生命才更有力量。

其实，小男孩不是不明白，他只是在思考。

我继续说："如果我说，你要为了自己改变，你怎么看？"

他仍然没有回答，一副若有所思的样子。

我追问道："难道你想等到读高中的时候，别人还是这样看待你吗？"

他拼命地摇头。

我说："所以，这一次见面后，你可以做一些改变自己的事情吗？"

他点点头。

他似懂非懂地点头，至少说明他知道，他不完全为了妈妈而改变。

我给他布置了一项作业，这是 7 天的作业。我画了一个表格给他，14 天内，他自己任选 7 天。"临睡前，你必须记录你当天吵架或打架的次数。如果当天你犯错的记录是零的话，你就去照镜子，大声说：'看，我多么厉害！'"

他笑了。我布置的这项作业，可能让他觉得枯燥乏味。其实，我想让他学习如何肯定自己。每当他早晚刷牙，看到镜子中的自己，都会无意识地为自己加油打气。

"我们今天的谈话就要结束喽！"我告诉他，"小康，今天你告诉我的所有事情，我保证决不会告诉你的家人，包括你的妈妈。如果她问我的话，我会叫她直接问你，好吗？"

"好！"他开心地点点头。

我告诉他："当妈妈问你的时候，你可以自己决定：你想告诉她什么事情，不想告诉她什么事情，好吗？"

他爽快地答应了："好的。"

我把小指头伸出来，示意与他钩钩手指，共同保守秘密。

"那么，你愿意下次来这里跟我聊天吗？"我问他。虽然我已经与他的妈妈敲定下一次的咨询时间，但是我还是要尊重他的决定。

"嗯，好的。"他满意地点点头。

我和他约定："那么，我们就定在两周后的同样时间、同样地点见面。"

"好的。"他答应了。

我微笑着与他握手，问他："你觉得我们今天的谈话怎么样？"

他回答："还好。"

我又问他："那你觉得我怎么样？"

他说："你不像个大人。"

我愣了一下。当我明白了他的意思后，我们笑了起来，笑那大人世界的现实与残酷……

别让孩子成为婚姻破裂的替罪羊

小康的爸爸是饭店的一名厨师。早上，他在家里休息，中午开始工作，一直忙到晚上 11 点。爸爸每天下班回家后，早已筋疲力尽，就只顾着睡觉。因此，爸爸每天与小康交谈的时间甚少。

小康的妈妈是一名书记员。她过着朝九晚五的生活，与家人互动的时间也非常有限。妈妈下班回家后，有一大堆家务等着她处理。

妈妈给小康设定了很多"不准"的规定。譬如，不准看电视节目、不准出去与邻居小孩一起玩耍、不准跷脚、不准吃饭有声音，等等。妈妈常说的一句话是："你今天的功课做完没有？"妈妈也用心良苦，每晚都要求小康在书房里阅读书本，这样她才可以安心做家务。显然，在妈妈的心中，小康的功课比他的心情更为重要。

小康告诉我：“爸爸在家里是不说话的；妈妈在家里是不讲理的。”我的解读是，出于某种原因，爸爸渐渐地变成了这个家庭的局外人；与此同时，在妈妈心中，爸爸的冷漠无形中让她产生焦虑。妈妈越焦虑，爸爸就越冷漠，夫妻关系便越疏离。

这样的夫妻关系是否会影响小康的行为呢？我的答案是肯定的。拥有疏离夫妻关系的妈妈，通常会把全部注意力集中在下一代的养育上。换句话说，这个家庭上演的“妈妈角色”戏份儿越多，“妻子角色”的需求便会越少。

小康的角色也在无形中改变，他成为妈妈的“小爱人”，在被卷入婚姻破裂前的紧张关系里，“帮助”减轻父母之间的焦虑。

小康别无选择地变成要满足妈妈所有期待的乖孩子，即使有时妈妈的要求是不合理的。譬如，小康喜欢踢足球，妈妈偏不让他在外面踢足球，担心不安全；他喜欢玩爸爸送给他的电动车，可是妈妈接到老师打来的投诉电话后，一气之下没收了电动车；他喜欢看晚上9点的电视节目，妈妈说她要看新闻，让他早点儿睡觉；他喜欢玩电脑游戏，妈妈说只要他的成绩排在全校前10名以内，就可以每周玩3个小时游戏。小时候，有好几次，当他开心地独自玩耍时，妈妈会发疯般地没收他的玩具，然后责问他："为什么你这么开心？"

我从零零碎碎的谈话片段里感受到：妈妈希望孩子可以了解她的处境；妈妈希望孩子能够分担她的焦虑；妈妈希望孩子是她的慰藉；妈妈希望孩子可以永远陪伴她。可是，妈妈忘了，小康不是她的丈夫，更不是她的"小爱人"，他只是一个13岁的孩子。

13岁的孩子，他真正需要的是什么？很简单，**他只需要爸爸的爱、妈妈的爱，更希望爸爸妈妈彼此相爱**。可是，小康的爸爸妈妈不相爱。爸爸在他心中是缺席的，妈妈则想尽办法控制他。渐渐地，小康成为被卷入破裂婚姻的替罪羊，心中积累了许多不满。于是，小康在学校里出现偏差行为，他注意力不集中、频频生事；在家里，他开始封闭自己，沉默、发呆、与自己独处，不想与妈妈沟通。小康不知道，其实他在模仿爸爸的沉默，学习爸爸在这个家庭存在的方式。

此外，小康还告诉我："老师总是希望我们的成绩进步，只要成绩稍微退步，老师就会在全班同学面前给家长打电话汇报，进而奚落我们，让我们受尽难堪。"

别说小康害怕，如果老师这样对待我，我也会害怕。

回家后，妈妈二话不说就打了他，并在爸爸面前责怪他。

其实这样的责怪，我看得很清楚——他们夫妻剩下的共同话题，就只有小康了。如果小康没有问题，他们就不会再沟通，所以小康一定要有问题，否则家就变成一个空壳子了。因此，我们可以理解，这就是妈妈经常指责小康的原因。可是，妈妈忘了，小康在这个封闭的家庭互动里，已经伤痕累累了。我希望小康不再成为这段婚姻的替罪羊。

父母的心情，就像游乐场的过山车，起伏不定；父母的脾气，就像天空的云朵，捉摸不定。小康告诉我，"我没有办法让他们开心。"他说的话，我都记在心里——明明自己受伤了，还希望父母开心，只因小康爱爸爸，也爱妈妈。

其实，愤怒的他，内心是害怕的。小康害怕委曲求全的心情会像滚雪球一样，越滚越大，让他无法承受。他说："我有时候好像要疯掉！"

我意识到事情的严重性，因此，我想邀请小康的父母一同来接受心理咨询。可是，他们会同意吗？尤其是小康的爸爸，他会来吗？无论如何，我会尽力说服他的父母接受心理咨询，唯有这样，我才能更有效地帮助小康。

我想抱抱妈妈

与小康多次进行单独心理咨询后，我发现小康的父母需要重新建立他们的婚姻关系，否则，小康的偏差行为问题将无法得到解决。

　　通常，传统的心理咨询会把类似小康的问题少年，视为单独个体来看待。心理咨询师会以个人为中心的解决方法，来帮助这些问题少年，最常见的方法是从改变小康的偏差行为着手。由于我学的是家族治疗，我非常同意已故的家庭治疗专家萨提亚所强调的：在一个家庭系统中，发生的任何事情都是由所有成员参与促成的。每位成员的"参与"或"不参与"都会导致某一种结果。

　　同时，家族治疗策略学派的灵魂人物杰·海利（Dr.Jay Haley）曾说："我们不该把问题或症状的出现，归咎为一个有问题或有病的人。取而代之的是，我们可以将这种失调的行为视为双重（Dyadic，例如母子）或三重（Triadic，例如父母与孩子之间）关系的产物。一个被认定的病人，其实只说明了其家庭的不平衡状态。"

　　因此，在小康的家庭系统中，小康不应该单方面受到指责。每个家庭成员在某种程度上都有责任。小康的偏差行为，只是说明他的家庭已经失去保护成员的状态。一旦某位家庭成员出现问题，家庭成员之间不是要指明"谁该受到责备"，而是要为失调的事情，重新调整互动、巩固关系。如此一来，才能迎接下一次的家庭挑战。

每当我打电话邀请小康的父母参加心理咨询时，小康的妈妈都非常认同我的想法，她极力配合。可是，小康的爸爸每次都以"没有时间""工作太忙"等为借口逃避问题。坦白地说，我对于问题少年的爸爸们都不寄予厚望。这些爸爸在家里往往都是缺席的，正是他们的"不参与"影响着孩子们的行为与自我价值。

后来的几次母子咨询，我见识到小康与妈妈僵持不下、毫不妥协的互动。双方对峙得像两只斗鸡，势不两立，彼此都不想输给对方。

妈妈对小康说："只要你听话，做什么都可以！"

小康反驳道："你说话都不算话，骗人的！我为什么要听你的话？"

妈妈吵着对我说："你看，你看！他永远都不会听话！"

妈妈似乎想要拉拢我，让我认同她对小康根深蒂固的看法——小康是个坏小孩。我非常明确自己的角色和责任，因此我不会轻易地卷入他们的僵硬互动中，那是非对即错的游戏。我不是妈妈的丈夫，也不是孩子的爸爸。我是一个心理咨询师，我很清楚我的角色界限。假若我认同其中一方的观点，我便会否定另一方，所以我必须保持冷静，一边继续与他们联结，一边在他们的互动里找到希望。

几次咨询后，我们都没有看到任何进展。母子的吵架，就像一台不会停下跳针的唱机，不断地重复着难听的旋律。然而，我依然坚持不懈地满足他们的需求和渴望，为他们提供一个空间，让他们可以敞开心扉说出真话。

有一次，小康和妈妈吵得不可开交，他们在心理咨询室里耗费掉许多能量后，双方都沉默不语。我一如既往地问小康："你现在最想对妈妈说些什么？"

小康想了一下，叹着气说："我想要妈妈看着我的眼睛。"

对于这个莫名其妙的回答，我追问："为什么是这个答案？"

他重复说："我想要妈妈看着我的眼睛。"

他不愿意回答我，我也不再追问。

我转过身，问妈妈："你愿意吗？"

妈妈想了想，说："嗯，可以。"

于是，我请他们稍微移动位置，直到两人对视——妈妈目不转睛地看着孩子的眼睛，孩子也聚精会神地看着妈妈的眼睛。此时，小康突然伸出右手，摸了摸妈妈的头，说："嗯，你很好，很听话，真乖。"

看见调皮的小康竟有如此举动，我扑哧一声笑了。小康出人意料的举动，让我暗自拍案叫绝。妈妈知道自己被耍了，她连忙把小康的右手推掉，可是妈妈也笑了。

小康张开双手，说："我想抱抱妈妈。"

妈妈立即说："我不要。"妈妈一边把小康的手推开，一边露出满脸的笑容。突然间，我们三人都不约而同地笑起来，直到我看到小康已经躺在妈妈的怀抱里，我才离开咨询室。

我想让他们单独相处几分钟，享受拥抱、接触与亲密对话。

当我再次回到咨询室时，我已经感受到母子间被重启的爱了。借此难得的机会，我与他们分享了我对刚才那一幕的感动，并鼓励他们不再进行"我对你错"的沟通。他们应该靠近对方、关心对方……

我称赞妈妈，这一次她做得很棒，小康更棒！

几次的心理咨询后，母子之间紧张的关系逐渐缓和，他们更加靠近彼此。我的直觉告诉我：爸爸要来咨询室的时机到了。如果小康与妈妈的关系融洽，爸爸就会被孤立。

爸爸和妈妈的婚姻关系本来已经一团糟，如今，父子关系也开始出现问题。

我猜想，爸爸一定会对我充满好奇，他想知道我到底要做什么。我一直翘首以待，希望小康的全家一同来与我互动，也希望小康的家庭咨询得到更好的效果。

小康，加油! 还有，我也要加油!

爱才是唯一出路

小康与妈妈的关系越联结，他的偏差行为就越减少。作为心理咨询师，我预感到这样的变化会令小康的爸爸焦躁不安。

果然，不出所料，小康的爸爸终于来到咨询室。我伸出右手与他握手，表示欢迎他的参与。他彬彬有礼，身材略胖，这一点小康倒是有点儿像他。

在经济萧条时期，小康的爸爸内心隐藏着无法释放的压力。他虽然话不多，但我能明显感到，他认为教育孩子是妻子的责任。小康的妈妈是职业女性，她除了工作以外，还要兼顾家里的琐碎事务。她在每天的唠叨之余，已经疲惫不堪，还时常挂着一张苦瓜脸。

小康今天有点儿怪怪的，显得特别拘束。我的解读是：他除了不习惯爸爸的参与，可能也敬畏爸爸。妈妈对小康要求严格，近乎完美。由于小康无法满足妈妈过高的期望，处于叛逆期的他，便忍不住向妈妈施以暴力，以示抗议。如今，只要是妈妈管不了的问题，爸爸就会用武力来控制孩子。

长久以来，妈妈耗尽体力，爸爸觉得自己很无能。小康百思不解，为何爸妈要如此压制他? 为了保护自己，他只懂得一味地抗争；为了努力证明自己长大，他需要为自己辩护。

今天，妈妈再次指责小康，数落他上周犯错的事情，令她大失所望。我非常了解这是妈妈在家里扮演得最好的角色。若是往常，小康一定会与妈妈抗争到底，可是，今天的互动不一样了。小康在爸爸的权威之下，连声道歉。我看情况不对，连忙阻止小康与父母重复"非对即错"的游戏。

我耐心地对小康说："以量愿意在这里倾听你内心真正的声音，你愿意告诉我吗？"

小康看着我，哭了。可是，他又不允许自己哭，所以便用手拍打自己的胸口，不停地深呼吸。我眼前的这个男孩，似乎受了太多的委屈。我在他的号啕大哭里，听到的全是渴望被爱与被尊重的呐喊。

妈妈看到小康号啕大哭，自己冰冷的内心也不禁融化。在我的引导之下，妈妈将她面对的恐惧娓娓道来。其实，她担心自己越来越像自己的妈妈，培养出一个没用的儿子。

妈妈的小弟是一个嗜赌如命又不顾家的男人。她非常担心自己教出的孩子像她的小弟一样，拖累家庭。所以，无论她牺牲多少，都要把唯一的儿子教育好。作为大女儿的她，因为活在重男轻女的家庭中，即使扛着重担，也无人给予关怀。说着说着，她已经泪流满面——做妻子、做妈妈、做女儿，她都身心俱疲。

不善言辞的爸爸低着头，沉默不语，处于伤感中。我希望他也能参与对话，所以我问一句，他答一句。

爸爸从小就过着放牛般的生活，父母不多管教，也不多过问。他从小就没有太多与父母亲密接触的经历，所以，他虽然很想亲近小康，但是他不知道如何踏出第一步。当孩子犯错时，他觉得作为父亲，应该负起责任，他当然不希望小康变成坏孩子。爸爸分享得不多，却掉下了几滴泪，他很不好意思地连忙擦掉。对小康而言，那是爸爸难得的真情流露。

三人的坦诚分享把我们深深地联结起来，我相信这份正面的能量还可以继续延伸。

我发现小康的身体完全倾向父母的方向，他全神贯注地倾听，并坦承这是他从未见过的父母。小康红着眼睛对我说："如果他们在家里也这样，那该多好啊！"

我微笑地点头，表示同意。

一脸指责的妻子加上一脸不屑的丈夫，一脸忧伤的妈妈再加上一脸无助的爸爸，试问，有哪个孩子喜欢接近他们呢？没有人希望被贴上"叛逆不肖子"的标签；也没有人，拒绝在温暖的家庭中长大。

我一直坚信：爱才是唯一出路！

一个成熟的家庭，不会过度在意对与错的问题，而是在觉察对与错的过程中，在意哪些家庭成员受伤，哪些成员需要被爱、被尊重、被信任。爱里没有对与错、是与非。如果心中有爱，孝或不孝、叛逆或不叛逆，已经不重要。因为在爱的关系里，已经得到谅解及尊重。

感谢小康爸爸的参与，让这个家庭的互动产生新的变化……

我站在门口，望着他们三人缓缓离开的背影，我感觉得到，那同行的脚步里，有爱，有关怀。

谢谢你，帮助我

我对小康一家的咨询，在大约一年后就结束了。从孩子出现偏差行为到用功读书；从母子关系僵硬到逐渐缓和；从父母关系破裂到和睦相处；每周日，父母都会带小康去做晨间运动——我总感觉我与小康在彼此的生命中，共同攀越了一座艰难险阻的高山。

去年，在我生日之际，小康给我寄来了一张卡片。虽然只有简单的几个字："谢谢你，帮助我。"我却觉得，这是一张非常珍贵的生日卡片。

那一年，小康从妈妈口中得知我双眼的视网膜出了问题，我决定休假半年，因此，他打电话给我，邀请我共进午餐。将近 17 岁的他，当天穿着一件红色的运动服和一双很酷的球鞋。我看见他长高了，脸色更加红润了，笑容也多了。我们坐在一家泰国餐厅里，彼此分享这几年的生活点滴。

小康告诉我，他如何应对中考，如何辛苦地熬过各项考试。他叙述着不堪回首的往事。对于现在，他只是云淡风轻地说："我过得还可以。"

小康告诉我，从小和他最亲近的外婆，在半年前去世了。其实，我早就从小康的妈妈那里，了解到他对外婆的不舍。小康的妈妈曾经打电话问我："他在学校不停地哭，一直打电话给我，我该怎么办？"可是，我还是愿意倾听小康自己对生离死别的独特诠释。

小康还告诉我，妈妈近来带他去养老院服务，学习如何照顾老人。我还从小康妈妈那儿听说，他把自己的积蓄都捐给了养老院。妈妈通过电话对我说这些的时候，语气里有按捺不住的欣慰。

小康说，他希望自己快点儿到 25 岁。虽然他还不知道 25 岁时可以做些什么，但是他就是希望自己能快一点儿长大。

这样的气氛、这样的对话，有点儿像电影后段要结束的情景。

用完午餐后，我起身付账，一共 600 多新台币，小康连忙拿出钱包说他要付钱。我推开他的钱包，笑着说："等你长大，就轮到你付钱。"

他开玩笑地对我说："我长大后，你可能都不在了。"

我说："如果是这样的话，以后你看到哪个小孩有需要，你就帮助他们。然后，请他们吃午餐吧！"

同样的一句话，以前一位老菩萨帮助我的时候，也如此对我说过。如今，我能够对小康说这句话，的确意义非凡。

我们各自前往不同的地方。当我们一同乘坐地铁的时候，他突然冒出一句："抱歉，以量，我没有什么东西可以送你。"

我看着他愧疚的眼神，对他说："没关系，我看到你现在能够敢于表达自己，乐于助人，与父母和谐相处，这就是你送给我的最好礼物。"

地铁门打开了，我对小康说："You take care."（保重。）

"我会的。一路顺风。"他微笑着说。

我回以微笑，便离开了。地铁继续行驶着。

我知道我可能再也不会联系小康。可是，我们在彼此的生命里，都留给对方一个感恩的位置。他感谢我在他的生命中出现，帮助了他；我感谢他在我的生命中出现，让我再次找到自己存在的价值与意义。

在心理咨询的旅途中，是这些少年一次又一次地告诉我：无论生命有多艰难，都要无所畏惧地走下去。究竟谁才是老师，我们都说不清楚了。

一部电影结束，意味着另一部电影即将开始……

我走出地铁站，抬起头，看到那一望无际的蔚蓝天空，正是我当下怡然自得的心情啊！

继续加油吧，以量。

但愿我就像故事中的那个年轻人，不断地拾起搁浅的小鱼，抛回海里去，让一条又一条的小鱼重回大海的怀抱。

在我生命中，我定义了这样的自己。

爱比恨容易

我没有忘记为这本书写下第一篇文章的时候，我正处于情绪低落的状态。

那时，我持续生病长达 9 个月。

被迫停薪留职，回到老家养病。

耳鸣、失眠、发冷、盗汗、头痛、脸肿，家人们看在眼里，急在心里。

伤心比开心容易；

埋怨比承受容易；

逃避比面对容易。

在家里养病的日子，我经历了另一个人生黑暗期。

我了解自己的傲性：即使我处于黑暗，也要守住"生命是光也是爱"的信念。

在养病的这段日子里，我常到油棕园去散步。

一个傍晚，回到门前。

站在那儿，看着自己的家，许久。

感触良多。

我从未如此认真地观察我的家。

一个从小孕育我的家，一个从小让我尝遍酸甜苦辣的家。

曾经我多么想要快点儿离开这里，现在它竟然屹立在这儿，等我回来疗伤。

刹那间，我感激不尽。

原来我的家，也有充满温情的一面。为何当初我只看到恨与伤害？

　　我决定在这本书出版之后，送给每位家人一本，借此告诉他们，我非常感恩他们在我的生命中存在过……

　　把爱带回家，永永远远。
　　因为，爱比恨容易多了。

此书献给我的外婆，陈丽桃女士。

是她用言传身教把爱传给了我。